Hovoriť
pôvodným
hlasom

„Ktorý sa nesie na nebesiach,
na nebesiach odvekých!
Čujte, ako sa dvíha jeho hlas,
jeho mocný hlas!"
(Ž 68, 33)

Hovoriť pôvodným hlasom

Dr. Jaerock Lee

Hovoriť pôvodným hlasom by Dr. Jaerock Lee
Vydavateľstvo Urim Books (Prezident: Johnny. H. Kim)
73, Yeouidaebang-ro 22-gil, Dongjak-gu, Seoul, Korea
www.urimbooks.com

Všetky práva vyhradené. Táto kniha alebo jej časti nesmú byť reprodukované v žiadnej podobe, uložené vo vyhľadávacom systéme alebo prenášané v akejkoľvek forme alebo akýmikoľvek prostriedkami, elektronicky, mechanicky, fotokópiami, záznamom alebo inak bez predchádzajúceho písomného súhlasu vydavateľa.

Ak nie je uvedené inak, všetky citácie Svätého Písma sú prevzaté z Biblie, NEW AMERICAN STANDARD BIBLE, ®, Copyright © 1960, 1962, 1963, 1968, 1971, 1972, 1973, 1975, 1977, 1995 by The Lockman Foundation. Použité so súhlasom.

Copyright © 2015 by Dr. Jaerock Lee
ISBN: 979-11-263-1214-6 03230
Translation Copyright © 2013 by Dr. Esther K. Chung. Used by permission.

Prvé vydanie v septembri 2023

V kórejskom jazyku vydané v roku 2011 vydavateľstvom Urim Books

Editoval Dr. Geumsun Vin
Navrhol Design Team of Urim Books
Vytlačil Prione Printing
Preložila © Ing. Lenka Tichá
Pre viac informácií kontaktujte urimbook@hotmail.com

Predslov o vydaní

S nádejou, že čitatelia dostanú odpovede a požehnania prostredníctvom pôvodného hlasu, ktorý je plný diel stvorenia...

Na tomto svete je mnoho druhov zvukov. Je tu krásne štebotanie vtákov, nevinný smiech detí, aplaudujúci dav, zvuk benzínových motorov a hudba. Sú to zvuky, ktoré sa nachádzajú v počuteľnom frekvenčnom pásme a sú tu aj iné zvuky, ako napríklad, ultrazvuk, ktorý ľudia nedokážu počuť. Ak je frekvencia zvuku príliš vysoká alebo príliš nízka, nemôžeme ho počuť, hoci skutočne existuje. Okrem toho, existujú aj zvuky, ktoré počujeme len srdcom. Je to niečo ako hlas nášho svedomia. A aký zvuk by bol najkrajším a najmocnejším? Je to „pôvodný hlas", ktorým hovorí Boh Stvoriteľ, ktorý je pôvodom všetkého.

„Ktorý sa nesie na nebesiach, na nebesiach odvekých! Čujte, ako sa dvíha jeho hlas, jeho mocný hlas!" (Ž 68, 33)

"Hľa, sláva Boha Izraela prichádzala z východu a jej zvuk bol ako zvuk mnohých vôd. Zem žiarila jeho slávou." (Ez 43, 2)

Na začiatku Boh pokrýval celý vesmír v podobe Svetla, ktoré malo mocný hlas (1 Jn 1, 5). Potom naplánoval „kultiváciu ľudstva", aby získal pravé deti, s ktorými by sa mohol deliť o pravú lásku, a začal existovať ako Božia Trojica: ako Otec, Syn a Duch Svätý. Pôvodný hlas bol obsiahnutý aj v Synovi a Duchu Svätom tak, ako bol v Otcovi.

Keď nadišiel čas, Božia Trojica prehovorila pôvodným hlasom, aby stvorila nebesia a zem a všetko, čo ich napĺňa. Povedala: „Nech je svetlo", „Nech sa vody, ktoré sú pod nebom, nahromadia na jedno miesto a nech sa ukáže pevnina." „Nech zem vydá sviežu zeleň, semenné rastliny a ovocné stromy, ktoré rodia na zemi ovocie so semenom svojho druhu." „Nech sú svetlá na nebeskej oblohe, aby oddeľovali deň od noci." „Nech sa hmýria vody živými tvormi a vtáky nech lietajú nad zemou pod nebeskou oblohou." (Gn 1, 3; 1, 9; 1, 11; 1, 14; 1, 20).

Preto všetky stvorené veci počujú pôvodný hlas vyslovený Božou Trojicou a poslúchajú ho, presahujúc priestor a čas. V štyroch evanjeliách sa dokonca aj neživé veci, ako vietor a vlny, upokojili, keď Ježiš prehovoril pôvodným hlasom (Lk 8, 24 - 25). Keď povedal ochrnutému: „Odpúšťajú sa ti hriechy" a „Vstaň, vezmi si lôžko a choď domov! (Mt 9, 6), ochrnutý vstal a vrátil sa domov. Tí, ktorí videli túto scénu, boli vystrašení a oslavovali

Boha, ktorý dal ľuďom takú moc.

Jn 14, 12 hovorí: „Ak nie pre iné, aspoň pre tie skutky verte! Amen, amen, hovorím vám, že aj ten, kto verí vo mňa, bude konať skutky, aké ja konám, ba bude konať ešte väčšie, lebo ja idem k Otcovi." Ako môžeme dnes zažiť diela pôvodného hlasu? V knihe Skutky apoštolov sa môžeme dočítať, že ľudia boli použití ako Božie nástroje na to, aby uskutočnili Božiu moc, do tej miery, do akej odvrhli zo srdca zlo, aby v sebe kultivovali svätosť.

V mene Ježiša Krista Nazaretského Peter prikázal mužovi, ktorý bol od narodenia chromý, chodiť a chytil ho za ruku. Potom sa muž postavil, chodil a vyskočil. Keď povedal Tabite, ktorá bola mŕtva: „Vstaň," Tabita ožila. Apoštol Pavol priviedol späť k životu mŕtveho mladého muža Eutychusa, a keď boli vreckovky alebo zástery, ktoré sa dotkli jeho tela, prinášané na chorých, choroby ich opúšťali a zlí duchovia z nich vychádzali.

Toto dielo Hovoriť pôvodným hlasom je poslednou knihou série „Svätosť a moc". Ukazuje vám spôsob, ako zažiť Božiu moc prostredníctvom pôvodného hlasu. Tiež opisuje skutočné diela Božej moci, aby mohli čitatelia uplatniť princíp v ich každodennom živote. Taktiež v nej nájdete „príklady z Biblie", ktoré pomôžu čitateľom pochopiť duchovný svet a princípy získavania odpovedí.

Ďakujem Geumsunovi Vinovi, riaditeľovi redakčného úradu, a personálu, a v mene Pána sa modlím, aby čo najviac ľudí dostalo odpovede na ich modlitby a požehnanie tým, že zažijú pôvodný hlas, ktorý uskutočňuje diela stvorenia.

Jaerock Lee

Úvod

V rokoch 1993 až 2004 nám Boh okrem rastu cirkvi pomohol usporiadať „špeciálne dvojtýždňové duchovné stretnutie". Účelom bolo to, aby Boh umožnil členom cirkvi získať duchovnú vieru a zažiť dimenziu dobroty, svetla, lásky a moci Boha. Počas týchto rokov im Boh umožnil zažiť v ich živote moc stvorenia, ktorá presahuje priestor a čas.

Posolstvá hlásané na týchto duchovných stretnutiach boli zozbierané do jednej série pod názvom „Svätosť a moc". Toto dielo, Hovoriť pôvodným hlasom, nám hovorí o niektorých hlbokých duchovných veciach, ktoré nie sú široko známe ako, napríklad: pôvod Boha; pôvodné nebesia; diela moci, ktoré sa uskutočňujú prostredníctvom pôvodného hlasu, a ako ich zažiť v skutočnom živote.

Kapitola 1, „Pôvod", vysvetľuje, kto je Boh, ako existoval pred stvorením sveta, a ako a prečo stvoril ľudské bytosti. Kapitola 2, „Nebesia", vysvetľuje skutočnosť, že existuje mnoho nebies, a že Boh vládne nad všetkými týmito nebesami. Zároveň nám hovorí, že môžeme dostať odpovede na akýkoľvek problém, ak veríme v tohto Boha, ako to bolo v prípade Naámana, generála Aramovej armády. Kapitola 3, „Trojjediný Boh", hovorí o tom, prečo pôvodný Boh rozdelil priestory a začal existovať ako trojjediný Boh, a čo je úlohou každej osoby v Božej Trojici.

Kapitola 4, „Spravodlivosť", hovorí o Božej spravodlivosti, a ako môžeme dostať odpovede v súlade s touto spravodlivosťou. Kapitola 5, „Poslušnosť", hovorí o Ježišovi, ktorý úplne poslúchol Božie slová, a tvrdí, že aj my musíme poslúchať Božie slová, aby sme zažili Božie skutky. Kapitola 6, „Viera", uvádza, že aj keď všetci veriaci tvrdia, že veria, existujú rozdiely v množstve získaných odpovedí, a tiež nás učí, čo musíme urobiť, aby sme preukázali druh viery, ktorá dokáže získať úplnú dôveru Boha.

Kapitola 7, „A za koho ma pokladáte vy?", na príklade Petra, ktorý dostal prísľub požehnania, keď z hĺbky srdca vyznal, že Ježiš je Pán, hovorí o tom, ako môžeme dostať odpovede. Kapitola 8, „Čo chceš, aby som ti urobil?", krok za krokom vysvetľuje proces slepého človeka, ktorý dostal odpoveď.

Kapitola 9, „Stane sa ti, ako si uveril", odhaľuje tajomstvo toho, ako dostal stotník odpoveď, a ponúka skutočné prípady z našej cirkvi.

Prostredníctvom tejto knihy sa v mene Pána modlím, aby všetci čitatelia pochopili pôvod Boha a diela Božej Trojice, a aby dostali všetko, o čo prosia, skrze ich poslušnosť a vieru, ktorá musí byť v súlade so spravodlivosťou, aby tak mohli vzdať slávu Bohu.

April, 2009
Geumsun Vin,
Riaditeľ vydavateľstva

Obsah

Predslov o vydaní

Úvod

Kapitola 1   Pôvod · 1

Kapitola 2   Nebesia · 17

Kapitola 3   Trojjediný Boh · 35

Príklady z Biblie 1
Udalosti, ktoré sa stali, keď sa v prvom nebi otvorila brána druhého neba

Kapitola 4	Spravodlivosť	· 55
Kapitola 5	Poslušnosť	· 73
Kapitola 6	Viera	· 91

Príklady z Biblie 2
Tretie nebo a priestor tretej dimenzie

Kapitola 7	A za koho ma pokladáte vy?	· 109
Kapitola 8	Čo chceš, aby som ti urobil?	· 125
Kapitola 9	Stane sa ti, ako si uveril	· 141

Príklady z Biblie 3
Moc Boha, ktorý prebýva vo štvrtom nebi

 Pôvod

> Ak chápeme Boží pôvod,
> a ako vznikla ľudská rasa,
> dokážeme si splniť celú ľudskú povinnosť.

Pôvod Boha

Pôvodný Boh naplánoval kultiváciu ľudstva

Obraz Božej Trojice

Boh stvoril ľudí, aby získal pravé deti

Pôvod ľudstva

Semená života a počatie

Všemohúci Boh Stvoriteľ

„Na počiatku bolo Slovo, to Slovo bolo u Boha a to Slovo bolo Boh."

(Jn 1, 1)

Dnes mnohí ľudia hľadajú nezmyselné veci, pretože nevedia o pôvode vesmíru alebo o pravom Bohu, ktorý nad ním vládne. Robia to, čo chcú, pretože nerozumejú, prečo žijú na tejto zemi – nepoznajú skutočný účel a hodnotu života. Koniec koncov, vedú životy, ktoré sa kolíšu ako tráva, pretože nepoznajú ich pôvod.

Avšak, v Boha môžeme uveriť a viesť život plnenia si „celej povinnosti" človeka, ak pochopíme pôvod Božej Trojice a vznik ľudí. Aký je teda pôvod trojjediného Boha, Otca, Syna a Ducha Svätého?

Pôvod Boha

Jn 1, 1 nám hovorí o Bohu na počiatku vekov, teda o pôvode Boha. Čo tu znamená „počiatok"? Bolo to pred večnosťou, keď v celom vesmíre neexistoval okrem Boha Stvoriteľa nikto iný. Všetky priestory vesmíru nepredstavujú iba viditeľný vesmír. Okrem priestoru vo vesmíre, v ktorom žijeme, existujú nepredstaviteľne priestranné a nezmerateľné priestory. V celom vesmíre, vrátane všetkých týchto priestorov, už pred večnosťou existoval Boh Stvoriteľ sám.

Pretože všetko na tejto zemi je obmedzené a má začiatok a koniec, väčšina ľudí nedokáže ľahko pochopiť pojem „pred večnosťou". Boh mohol povedať: „Na počiatku bol Boh," tak prečo povedal: „Na počiatku bolo Slovo"? Je to preto, že vtedy Boh nemal „podobu" alebo „vzhľad", ako má teraz. Ľudia tohto sveta sú obmedzení, preto vždy chcú určitú pevnú podobu alebo tvar, ktorý by mohli vidieť, a ktorého by sa mohli dotýkať sa ho. Preto vytvárajú rôzne modly na ich uctievanie. Ale ako sa môžu ľuďmi vytvorené modly stať bohom, ktorý stvoril nebesia a zem a všetko, čo ich napĺňa? Ako sa môžu stať bohom, ktorý vládne nad životom, smrťou, šťastím a nešťastím, a dokonca aj nad ľudskou históriou?

Boh na počiatku existoval ako Slovo, ale pretože ľudia museli byť schopní spoznať existenciu Boha, vzal na seba podobu. Ako teda na počiatku existoval Boh, ktorý bol Slovo? Existoval v podobe krásneho svetla s nádherným hlasom. Nepotreboval meno ani podobu. Existoval ako Svetlo s hlasom a vládol nad všetkými priestormi vo vesmíre. Ako hovorí Jn 1, 5, že Boh je Svetlo, Boh pokrýval všetky priestory v celom vesmíre ako Svetlo s hlasom a tento hlas je „Slovo" spomenuté v Jn 1, 1.

Pôvodný Boh naplánoval kultiváciu ľudstva

Keď našiel čas, Boh, ktorý na počiatku existoval ako Slovo, vymyslel plán. Bola to „kultivácia ľudstva". Jednoducho povedané, je to plán stvoriť ľudí a nechať ich rozmnožovať sa, aby sa niektorí z nich stali pravými Božími deťmi, ktoré sa mu podobajú. Potom ich Boh vezme do nebeského kráľovstva a bude tam s nimi naveky šťastne žiť a deliť sa o lásku.

Po tom, čo mal Boh tento plán v jeho mysli, začal ho krok za krokom uskutočňovať. Najskôr rozdelil celý vesmír. Podrobnejšie vysvetlím vesmír v druhej kapitole. V skutočnosti boli všetky priestory len jedným priestorom a Boh rozdelil jeden celý priestor na mnoho priestorov podľa potrieb kultivácie ľudstva. A po rozdelení priestorov sa uskutočnila veľmi dôležitá udalosť.

Na počiatku existoval jeden Boh, ale Boh začal existovať ako Trojica: Otec, Syn a Duch Svätý. Bolo to, ako keby Boh Otec zrodil Boha Syna a Boha Ducha Svätého. Z tohto dôvodu Biblia odkazuje na Ježiša ako na jednorodeného Božieho Syna. A Hebr 5, 5 hovorí: „Ty si môj syn, ja som ťa dnes splodil."

Boh Syn a Boh Duch Svätý majú to isté srdce a moc, pretože pochádzajú z jedného Boha. Trojica je vo všetkom rovnaká. Z tohto dôvodu Flp 2, 6 - 7 hovorí o Ježišovi: „On, hoci mal Božiu podobu, svoju rovnosť s Bohom nepovažoval za korisť, ale zriekol sa jej, keď vzal na seba podobu služobníka a stal sa podobný ľuďom a podľa vonkajšieho zjavu bol pokladaný za človeka."

Obraz Božej Trojice

Na počiatku Boh existoval ako Slovo, ktoré bolo

obsiahnuté vo Svetle, ale kvôli kultivácii ľudstva začal mať podobu Božej Trojice. Obraz Boha si môžeme predstaviť, keď sa zamyslíme nad scénou, kde Boh stvoril človeka. Gn 1, 26 hovorí: „Utvorme človeka na svoj obraz, na svoju podobu. Nech ľudia vládnu nad morskými rybami, nebeským vtáctvom, dobytkom, nad celou zemou a nad všetkými plazmi, čo sa hýbu po zemi." Tu sa slovo „nás" vzťahuje na Trojicu Otca, Syna a Ducha Svätého a môžeme pochopiť, že sme boli stvorení na obraz Božej Trojice.

Verš hovorí: „Utvorme človeka na svoj obraz, na svoju podobu," a aj tu si môžeme uvedomiť obraz Božej Trojice. Samozrejme, stvorenie ľudí na Boží obraz neznamená len to, že navonok vyzeráme ako Boh. Človek bol tiež stvorený na Boží obraz v jeho vnútri; bol naplnený dobrotou a pravdou.

Ale prvý človek Adam v dôsledku neposlušnosti zhrešil a stratil prvý obraz, na ktorý bol stvorený. A poškvrnil sa a ušpinil hriechom a zlom. Preto, ak skutočne pochopíme, že naše telo a srdce boli stvorené na Boží obraz, mali by sme obnoviť tento stratený Boží obraz.

Boh stvoril ľudí, aby získal pravé deti

Po rozdelení priestorov začala Božia Trojica postupne tvoriť potrebné veci. Napríklad, keď Boh existoval ako Svetlo s hlasom, nepotreboval príbytok. Ale potom, čo začal mať podobu, potreboval príbytok, ako aj anjelov a nebeské zástupy, ktoré by mu slúžili. A tak, ako prvé stvoril duchovné bytosti v duchovnom svete, a potom stvoril všetko vo vesmíre, v ktorom žijeme.

Samozrejme, že nebesia a zem v našom priestore nestvoril až po tom, čo stvoril všetko v duchovnom svete. Potom, ako Božia Trojica stvorila duchovný svet, nekonečne dlho tam žila s nebeskými zástupmi a anjelmi. Po tomto dlhom období stvorila v tomto fyzickom priestore všetky veci. A až po stvorení celého prostredia, v ktorom by ľudia mohli žiť, stvorila človeka na vlastný obraz.

Prečo Boh stvoril človeka, aj napriek tomu, že mu slúžili mnohí anjeli a nebeské zástupy? Je to preto, že chcel získať pravé deti. Pravými deťmi sú tí, ktorí sa podobajú na Boha, a ktoré môžu zdieľať pravú lásku s Bohom. Nebeské zástupy a anjeli Boha bezpodmienečne poslúchajú a slúžia mu v určitom zmysle ako roboty, až na zopár výnimiek. Ak si vezmeme príklad rodičov a detí, žiadni rodičia by nemali radšej poslušných robotov ako ich vlastné deti. Milujú svoje deti, pretože sa môžu navzájom a ochotne deliť o lásku.

Ľudské bytosti sú na druhej strane schopné poslúchať a milovať Boha vlastnou, slobodnou vôľou. Samozrejme, ľudia nedokážu pochopiť Božie srdce a deliť sa s ním o lásku hneď, ako sa narodia. Počas ich rastu a dospievania musia zažiť veľa vecí, aby dokázali cítiť lásku Boha a pochopili celú povinnosť ľudí. Iba títo ľudia dokážu milovať Boha ich srdcom a konať podľa jeho vôle.

Takíto ľudia nemilujú Boha z donútenia. Nezachovávajú Božie slová zo strachu z trestu. Iba ich vlastnou a slobodnou vôľou milujú Boha a vzdávajú mu vďaky. Takýto postoj sa nemení. Boh naplánoval kultiváciu ľudstva, aby získal pravé deti, s ktorými by sa mohol deliť o lásku, zo srdca dávať a prijímať. A za týmto účelom stvoril prvého človeka Adama.

Pôvod ľudstva

Aký je pôvod ľudstva? Gn 2, 7 hovorí: „Vtedy Pán, Boh, stvárnil človeka, prach zo zeme, a vdýchol mu do nozdier dych života. Tak sa stal človek živou bytosťou." Takže ľudia sú zvláštne bytosti, ktoré presahujú všetko, čo tvrdí darwinovský evolucionizmus. Ľudské bytosti sa na dnešnú úroveň nevyvinuli z jednoduchších zvierat. Ľudia boli stvorení na Boží obraz a Boh im do nozdier vdýchol dych života. To znamená, že duch aj telo pochádzajú od Boha.

Preto sú ľudia duchovné bytosti, ktoré pochádzajú zhora. Nemali by sme sa považovať len za zvieratá o trochu vyspelejšie ako iné zvery. Ak sa pozrieme na fosílie, ktoré sú prezentované ako dôkaz evolúcie, neexistujú žiadne sprostredkujúce fosílie, ktoré by prepájali rozdielne druhy. Ale na druhej strane existuje oveľa viac dôkazov o stvorení.

Napríklad, všetci ľudia majú dve oči, dve uši, jeden nos a jedny ústa. A tie sú u každého človeka umiestnené na tom istom mieste. A neplatí to len pre ľudstvo. Všetky druhy zvierat majú takmer rovnakú štruktúru. To je dôkaz, že všetky živé tvory boli stvorené jedným Stvoriteľom. Okrem toho, aj skutočnosť, že všetko vo vesmíre je dokonale usporiadané a funguje bez jedinej chybičky, je dôkazom Božieho stvorenia.

Dnes si mnoho ľudí myslí, že ľudia sa vyvinuli zo zvierat, a preto si neuvedomujú, odkiaľ pochádzajú, a prečo tu žijú. Ale akonáhle si uvedomíme, že sme sväté bytosti, ktoré boli stvorené na obraz Boha, môžeme pochopiť, kto je náš Otec. Potom sa prirodzene pokúsime žiť podľa jeho Slova a pripodobniť sa mu.

Možno si myslíme, že náš otec je náš fyzický otec. Ale ak budeme po rodokmeni pokračovať až na začiatok, zistíme, že prvým fyzickým otcom je prvý človek Adam. Takže môžeme pochopiť, že náš skutočný Otec je Boh, ktorý stvoril ľudské bytosti. Pôvodne boli aj semená života dané Bohom. V tomto zmysle naši rodičia len poskytli ich telo ako nástroj na to, aby sa tieto semená spojili a mohli sme byť počatí.

Semená života a počatie

Boh dal semeno života. Mužom dal spermie a ženám vajíčka, aby mohli plodiť deti. V tomto ohľade ľudia nedokážu splodiť deti vlastnými schopnosťami. Boh im dal semená života, aby sa mohli rozmnožovať.

V semenách života je Božia moc, ktorá dokáže stvoriť všetky ľudské orgány. Sú príliš malé, aby boli viditeľné voľným okom, ale sú v nich uložené vlastnosti, vzhľad, návyky a životná sila. Takže, keď sa deti narodia, nemajú len vzhľad rodičov, ale aj ich vlastnosti.

Ak ľudia dokážu počať vlastnými silami, prečo existujú neplodné páry, ktorým sa nedarí mať deti? Počatie patrí výhradne Bohu. Dnes sa na klinikách vykonáva umelé oplodnenie, ale nikdy nedokážu vytvoriť spermie a vajíčko. Moc stvorenia patrí výhradne Bohu.

Mnohí veriaci, nielen v našej cirkvi, ale aj v iných krajinách, zažili túto Božiu moc stvorenia. Bolo mnoho párov, ktoré už dlhú dobu, dokonca až 20 rokov, nemohli počať dieťa. Vyskúšali všetky dostupné metódy, ale bez výsledkov. Po prijatí modlitby sa však mnohým z nich narodili zdravé deti.

Pred niekoľkými rokmi sa zúčastnil duchovného stretnutia aj pár žijúci v Japonsku a prijali moju modlitbu. Boli nielen uzdravení z ich chorôb, ale tiež dostali požehnanie počatia. Takéto správy sa rozšírili a na modlitbu za mnou prišlo z Japonska mnoho ďalších ľudí. Aj oni dostali požehnanie počatia podľa miery ich viery. To nakoniec viedlo k založeniu filiálky v tom regióne.

Všemohúci Boh Stvoriteľ

Dnes vidíme vývoj sofistikovanej lekárskej vedy, ale

stvorenie života je možné len mocou Boha, vládcom každého života. Prostredníctvom jeho moci boli tí, ktorí poslednýkrát vydýchli, vrátení k životu; tí, ktorí boli v nemocnici odsúdení na smrť, boli uzdravení; a bolo uzdravených mnoho nevyliečiteľných ochorení, ktoré veda ani ľudská medicína nedokázali vyliečiť.

Pôvodný hlas vyslovený Bohom môže stvoriť niečo z ničoho. Dokáže uskutočniť diela moci, ktorej nič nie je nemožné. Rim 1, 20 hovorí: „Lebo jeho neviditeľnú skutočnosť, jeho večnú moc a božstvo možno od stvorenia sveta poznávať uvažovaním zo stvorených vecí. A tak nemajú ospravedlnenie." Už iba pohľadom na všetko toto vidíme moc a božskú prirodzenosť Boha Stvoriteľa, ktorý je pôvodom všetkého.

Ak sa ľudia snažia pochopiť Boha v rámci vlastného poznania, určite tam budú hranice. To je dôvod, prečo mnohí ľudia neveria slovám napísaným v Biblii. Niektorí tiež hovoria, že veria, ale neveria úplne všetkým slovám v Biblii. Pretože Ježiš poznal túto ľudskú situáciu, potvrdzoval slovo, ktoré kázal, mnohými mocnými skutkami. Povedal: „Keby ste nevideli znamenia a divy, neuverili by ste." (Jn 4, 48)

Je to rovnaké aj dnes. Boh je všemohúci. Ak veríme v tohto všemohúceho Boha a úplne sa na neho spoliehame, akýkoľvek problém bude vyriešený, a akákoľvek choroba uzdravená.

Boh začal všetko tvoriť jeho Slovom, keď povedal: „Nech je svetlo." Keď zaznie pôvodný hlas Boha Stvoriteľa, slepí začnú vidieť a tí, ktorí sú na invalidných vozíkoch a barlách, začnú chodiť a skákať. Dúfam, že keď zaznie pôvodný hlas Boha, s vierou dostanete odpovede na všetky vaše modlitby a želania.

Emmanuel Marallano Yaipen (Lima, Peru)

Bol som oslobodený od strachu z AIDS

V roku 2001 som absolvoval lekársku prehliadku, aby som mohol nastúpiť do armády a počul som slová: „Ste HIV pozitívny." Bola to úplne nečakaná správa. Cítil som sa prekliaty.

Časté hnačky som nebral príliš vážne.

Len som sedel na stoličke a cítil som sa veľmi bezmocný.

„Ako o tom môžem povedať mojej mame?"

Mal som bolesti, ale moje srdce bolo zlomené pri myšlienke na moju matku. Mal som hnačku ešte častejšie a v ústach a na prstoch som mal plieseň. Strach zo smrti ma čoraz viac spútaval.
Ale potom som sa dopočul, že v decembri 2004 príde do Peru mocný Boží služobník z Južnej Kórey. Ale neveril som, že moja choroba

bude uzdravená.
Vzdal som sa, ale moja stará mama na mňa naliehala, aby som sa stretnutia zúčastnil. Nakoniec som odišiel do parku „Campo de Marte", kde sa konala „Spojená peruánska kresťanská misia 2004 s rev. Dr. Jaerockom Leeom". Chcel som sa držať tejto poslednej nádeje.
Moje telo bolo už pri počúvaní posolstva naplnené mocou Ducha Svätého. Diela Ducha Svätého, ktoré sa tam stali, boli sériou zázrakov.

Rev. Dr. Jaerock Lee sa nemodlil osobitne za každého človeka, ale modlil sa za celý dav. A aj napriek tomu mnoho ľudí svedčilo o tom, ako boli uzdravení. Mnoho ľudí sa postavilo z invalidného vozíka a odhodilo ich barly. Mnohí sa radovali, že ich nevyliečiteľné choroby boli uzdravené.
Aj ja som vtedy zažil zázrak. Po skončení stretnutia som išiel na toaletu a po prvýkrát po dlhom čase som normálne močil. Moja

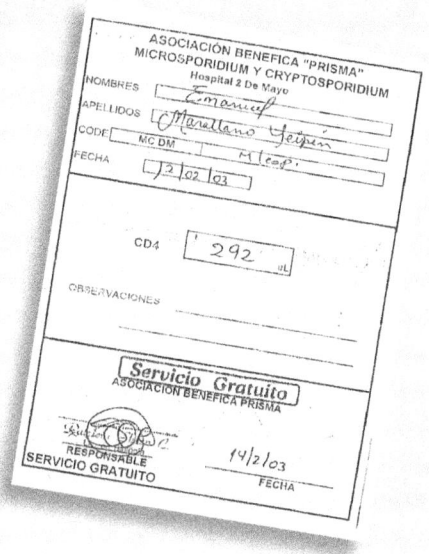

hnačka za dva a pol mesiaca pominula. Moje telo bolo zrazu veľmi ľahké. Bol som si istý, že som bol uzdravený a išiel som do nemocnice. Podľa diagnózy sa počet CD4 imunitných buniek zvýšil tak dramaticky, že bol v normálnom rozmedzí.

AIDS je nevyliečiteľná choroba, ktorá sa nazýva modernou čiernou smrťou. HIV ničí imunitné bunky CD4. To vedie k mimoriadne nízkej imunite, čo spôsobuje ďalšie komplikácie, a nakoniec smrť. Imunitné bunky CD4 zomierali a je naozaj úžasné, že boli obnovené modlitbou rev. Dr. Jaerocka Leeho.

- Výňatok z diela Extraordinary Things -

# Nebesia

> Pôvodný Boh prebýva vo štvrtom nebi,
> vládne nad všetkými nebesiami,
> nad prvým nebom, druhým nebom
> a tretím nebom.

Mnoho nebies

Prvé nebo a druhé nebo

Raj Edenu

Tretie nebo

Štvrté nebo, príbytok Boha

Všemohúci Boh Stvoriteľ

Všemohúci Boh presahuje ľudské obmedzenia

Stretnúť všemohúceho Boha Stvoriteľa

„Ty si jediný, Pán, ty si stvoril nebesia, nebesia nebies a všetky ich zástupy, zem a všetko, čo je na nej, moria i všetko, čo je v nich. Ty všetkému dávaš život a nebeské zástupy sa ti klaňajú."

(Neh 9, 6)

Boh presahuje ľudské obmedzenia. Existoval pred večnosťou a bude existovať po celú večnosť. Svet, v ktorom žije, je priestor, ktorého rozmer je úplne odlišný ako rozmer tohto sveta. Viditeľný svet, v ktorom ľudia žijú, je fyzický svet, a priestor, kde Boh prebýva, je duchovný svet. Duchovný svet určite existuje, ale len preto, že nie je našimi fyzickými očami viditeľný, ľudia majú tendenciu popierať jeho existenciu.

Jeden astronaut v minulosti povedal: „Precestoval som vesmír, ale Boha som tam nevidel." Aká je to pochabá poznámka! Myslí si, že viditeľný vesmír je všetko. Ale aj astronómovia môžu len povedať, že aj tento viditeľný vesmír je neobmedzený. A koľko z tohto obrovského vesmíru tento astronaut videl, že môže popierať existenciu Boha? V dôsledku ľudských obmedzení nemôžeme ani vysvetliť všetko, čo napĺňa vesmír, v ktorom žijeme.

Mnoho nebies

Neh 9, 6 hovorí: „Ty si jediný, Pán, ty si stvoril nebesia, nebesia nebies a všetky ich zástupy, zem a všetko, čo je na nej, moria i všetko, čo je v nich. Ty všetkému dávaš život a nebeské zástupy sa ti klaňajú." Hovorí nám o tom, že nie je len jedno nebo, ale veľa nebesí.

Koľko nebies teda vlastne je? Ak veríte v nebeské kráľovstvo, pravdepodobne viete o dvoch nebesiach. Jedným je obloha na tomto fyzickom svete a druhým je obloha v nebeskom kráľovstve, ktoré je nebom duchovného sveta. Ale Biblia na mnohých miestach spomína mnoho nebies.

„Ktorý sa nesie na nebesiach, na nebesiach odvekých! Čujte, ako sa dvíha jeho hlas, jeho mocný hlas!" (Ž 68, 33)

„Môže vôbec Boh prebývať na zemi? Veď samotné nebesia, ba ani najvyššie nebo, ťa nemôžu obsiahnuť! Tým menej tento dom, ktorý som postavil." (1 Kr 8, 27)

„Viem o človeku v Kristovi, ktorý bol pred štrnástimi rokmi — či v tele, neviem, či mimo tela, neviem, Boh vie — uchvátený až do tretieho neba." (2 Kor 12, 2)

Apoštol Pavol, ktorý bol vzatý do tretieho neba, nám hovorí, že existuje prvé, druhé a tretie nebo, a mohlo by tam byť aj viac nebies.

Štefan tiež povedal v Sk 7, 56: „Hľa, vidím otvorené nebo a Syna človeka stáť po pravici Boha." Ak sú duchovné oči ľudí otvorené, sú schopní vidieť duchovný svet a uvedomiť si existenciu nebeského kráľovstva.

Dnes dokonca aj vedci hovoria, že existuje veľa oblôh. Jedným z vedúcich vedcov v tejto oblasti je Max Tegmark, kozmológ, ktorý predstavil koncept štvorstupňového mnohovesmíru.

V podstate hovorí to, že na základe kozmologických pozorovaní je náš vesmír časťou celého vesmíru, kde existuje mnoho vesmírov a každý vesmír môže mať úplne odlišné fyzikálne vlastnosti.

Rozdielne fyzikálne vlastnosti znamenajú, že charakteristiky času a priestoru môžu byť veľmi odlišné. Samozrejme, veda nedokáže o duchovnom svete vysvetliť všetko. Avšak, aj vďaka vedeckému prístupu môžeme aspoň získať pohľad na skutočnosť, že náš vesmír nie je všetko.

Prvé nebo a druhé nebo

Mnohé nebesia možno rozdeliť do dvoch podkategórií. Sú to nebesia v duchovnom svete, ktorý je našim očiam neviditeľný, a nebesia vo fyzickom svete, v ktorom žijeme. Fyzický vesmír, v ktorom žijeme, je prvým nebom, a od druhého neba vyššie je už duchovný svet. V druhom nebi sa nachádza oblasť svetla, kde je raj Edenu a oblasť tmy, kde žijú zlí duchovia.

Ef 2, 2 hovorí, že zlí duchovia sú „kniežaťom sily ovzdušia" a „vzduch" patrí druhému nebu. Gn 3, 24 nám hovorí, že na východe od raja Edenu Boh postavil cherubínov a plamenný meč, ktorý sa obracal na všetky strany, aby strážili cestu k stromu života.

„Odohnal človeka a na východ od záhrady Eden postavil cherubov a blýskavý plamenný meč, aby strážili cestu k stromu života."

Prečo by ich Boh postavil na východ? Je to preto, že „východ" predstavuje hranicu medzi svetom zlých duchov a rajom Edenu, ktorý patrí Bohu. Boh strážil raj, aby zabránil vstupu zlých duchov do raja, jesť z stromu života a získať večný život.

Predtým, ako Adam jedol zo stromu poznania dobra a zla, mal autoritu, ktorú dostal od Boha, aby vládol nad rajom a všetkým v prvom nebi. Ale Adam bol z raja vyhnaný, pretože neposlúchol Božie slovo a jedol zo stromu poznania. Odvtedy musel niekto iný strážiť raj Edenu, kde sa nachádzal strom života. Preto Boh na miesto Adama postavil cherubínov a plamenný meč, ktorý sa obracal na všetky strany, aby raj strážili.

Raj Edenu

V druhej kapitole knihy Genesis, keď Boh stvoril Adama z prachu na tejto zemi, stvoril v Edene raj a priviedol tam Adama. Adam bol „živou bytosťou" alebo „živým duchom". Bol to duchovný človek, ktorý dostal od Boha dych života. Preto ho Boh priviedol do druhého neba, ktorý je duchovným priestorom, aby tam žil.

Boh ho tiež požehnal, aby si všetko podmanil a nad všetkým vládol pri jeho cestách na Zem v prvom nebi. Ale potom, čo Adam zhrešil jeho neposlušnosťou voči Bohu, jeho duch zomrel a už nemohol žiť v duchovnom priestore. Preto bol vyhnaný na Zem.

A tí, ktorí nerozumejú tejto skutočnosti, neustále sa pokúšajú na Zemi nájsť raj Edenu. Je to preto, že nerozumejú tomu, že raj Edenu sa nachádza v druhom nebi, v duchovnom svete, a nie na tomto fyzickom svete.

Pyramídy v Gíze v Egypte, jeden z divov sveta, sú také sofistikované a veľkolepé až do tej miery, že vyzerajú, ako keby ani neboli postavené ľudskou technológiou. Priemerná hmotnosť každého kameňa je 2,5 tony. A jedna pyramída sa skladá z 2,3 miliónov kameňov. Kde sa vzali všetky tieto kamene? Taktiež, aké nástroje ľudia použili v tej dobe na ich stavbu?

Kto postavil tieto pyramídy? Na otázku možno ľahko odpovedať, ak pochopíme koncept mnohých nebies a duchovný priestor. Podrobnejšie je to vysvetlené v prednáškach o knihe Genesis. Keď bol Adam kvôli neposlušnosti vyhnaný z raja Edenu, kto teraz žije v raji? V Gn 3, 16 Boh povedal Eve potom, čo spáchala hriech: „Rozmnožím tvoje trápenie v tehotenstve, v bolestiach budeš rodiť deti." „Rozmnožím" znamená, že pri pôrode existovala bolesť a mala byť zhoršená. Gn 1, 28 nám tiež hovorí, že Adam a Eva sa „množili", čo znamená, že Eva porodila deti, kým žila v raji Edenu.

Preto bol počet detí Adama a Evy v raji Edenu nespočetný. A zostali tam žiť aj potom, čo boli Adam a Eva kvôli ich hriechom vyhnaní. Lenže predtým, ako Adam zhrešil, ľudia v raji Edenu mohli voľne cestovať na Zem, ale po vyhnaní Adama bol zavedený zákaz.

Predstava času a priestoru medzi prvým nebom a druhým nebom je veľmi odlišná. V druhom nebi existuje čas, ale nie je taký obmedzený ako v prvom nebi, našom fyzickom svete. V raji Edenu nikto nestárne ani nezomiera. Nič nezaniká alebo nezahynie. Ľudia v raji Edenu necítia rozdiel v čase ani po dlhej dobe. Majú pocit, že žijú v čase, ktorý sa nemení. Navyše, priestor v Edene je neobmedzený.

Ak by ľudia v prvom nebi nezomierali, jedného dňa by bolo preplnené. Ale pretože druhé nebo má neobmedzený priestor, nikdy nebude plné ľudí bez ohľadu na to, koľko ľudí sa narodí.

Tretie nebo

Existuje ďalšie nebo, ktoré patrí do duchovného sveta. Je to tretie nebo, kde sa nachádza nebeské kráľovstvo. Je to miesto, kde budú naveky žiť spasené Božie deti. Apoštol Pavol dostal od Pána jasné vnuknutie a videnie a v 2 Kor 12, 2 – 4 povedal: „Viem o človeku v Kristovi, ktorý bol pred štrnástimi rokmi — či v tele, neviem, či mimo tela, neviem, Boh vie — uchvátený až do tretieho neba. A viem o tom istom človeku — či v tele, či mimo tela, neviem, Boh to vie —bol uchvátený do raja a počul nevysloviteľné slová, ktoré človek nesmie vysloviť."

Rovnako ako má každá krajina hlavné mesto, menšie mestá, a dokonca aj maličké mestá, aj v nebeskom kráľovstve existuje mnoho príbytkov, počnúc Novým Jeruzalemom, kde sa nachádza Boží trón, až po raj, ktorý môže byť považovaný za okraj nebeského kráľovstva. Naše príbytky sa budú líšiť v závislosti od toho, ako veľmi sme milovali Boha, a do akej miery sme na tejto zemi kultivovali srdce pravdy a obnovili stratený obraz Boha.

Tretie nebo má ešte menej časových a priestorových obmedzení ako druhé nebo. Má večný čas a nekonečný priestor. Pre ľudí, ktorí žijú v prvom nebi, je ťažké pochopiť priestor a čas nebeského kráľovstva. Predstavte si balón. Predtým, ako do neho fúknete vzduch, veľkosť a objem balóna sú obmedzené. Ale môže sa drasticky zmeniť v závislosti od množstva vzduchu, ktorý do neho fúknete. Priestor v nebeskom kráľovstve je podobný. Keď chceme postaviť dom na tejto zemi, potrebujeme kúsok zeme a priestor, ktorý môžeme vytvoriť na tejto zemi, bude obmedzený.

Ale v priestore tretieho neba môžu byť domy postavené úplne iným spôsobom ako na tomto svete, pretože predstava priestoru, objemu, dĺžky alebo výšky presahuje obmedzenia tejto zeme.

Štvrté nebo, príbytok Boha

Štvrté nebo je pôvodný priestor, kde Boh pred počiatkom vekov existoval, predtým, ako rozdelil celý vesmír na niekoľko nebies. Vo štvrtom nebi je bezvýznamné používať predstavu času a priestoru. Štvrté nebo prekračuje každú predstavu času a priestoru a ihneď sa stane všetko, čo si Boh na tomto mieste v mysli želá.

Vzkriesený Pán sa zjavil svojim učeníkom, ktorí sa báli Židov a schovávali sa v dome so zamknutými všetkými dverami (Jn 20, 19 -29). Zjavil sa uprostred miestnosti, aj keď mu nikto neotvoril žiadne dvere. Taktiež sa z ničoho nič zjavil svojim učeníkom, ktorí boli v Galilei a jedol s nimi (Jn 21, 1 - 14). Bol tu na tejto zemi štyridsať dní, a potom na oblaku vystúpil na nebesia pred očami mnohých ľudí. Môžeme vidieť, že vzkriesený Ježiš Kristus mohol prekračovať fyzický priestor a čas.

A o čo viac to platí vo štvrtom nebi, kde pôvodný Boh kedysi prebýval? Rovnako ako v podobe Svetla s hlasom vládol nad všetkými priestormi vo vesmíre, vládne nad prvým nebom, druhým nebom a tretím nebom, zatiaľ čo prebýva vo štvrtom nebi.

Všemohúci Boh Stvoriteľ

Tento svet, v ktorom žijú ľudské bytosti, je veľmi malá škvrna v porovnaní s ostatnými priestrannými a tajomnými nebesiami. Na zemi ľudia robia všetko preto, aby mohli žiť lepší život, prežívajúc všetky druhy ťažkostí a problémov. Veci na tejto zemi sú pre nich veľmi zložité a problémy sa zdajú byť ťažko riešiteľné, ale nič z toho nepredstavuje pre Boha žiadny problém.

Predpokladajme, že človek pozoruje svet mravcov. Niekedy mravce majú veľké ťažkosti s prepravou jedla. Ale človek ho dokáže s ľahkosťou vložiť do mraveniska. Ak mravec príde ku kaluži, ktorá je príliš veľká na to, aby cez ňu mohol prejsť, človek ho môže na ruke preniesť na druhú stranu. Akokoľvek ťažký môže byť problém pre mravce, pre človeka je to malá vec. A rovnako, s pomocou všemohúceho Boha nič nebude problémom.

Starý zákon mnohokrát potvrdzuje všemohúcnosť Boha. Všemohúcou mocou Boha bolo rozdelené Červené more a zastavené vyliatie Jordánu. Slnko a mesiac zostali stáť, a keď Mojžiš udrel palicou po skale, začala z nej vytekať voda. Bez ohľadu na to, akú veľkú moc, bohatstvo, a koľko vedomostí človek môže mať, je možné, aby rozdelil more a zastavil slnko a mesiac? Ale Ježiš povedal v Mk 10, 27: „Ľuďom je to nemožné, ale Bohu nie; lebo Bohu je všetko možné."

Aj v Novom zákone je veľa prípadov, keď boli uzdravení chorí a zdravotne postihnutí, a dokonca aj mŕtvi boli Božou mocou oživení. Keď boli na chorých prinášané vreckovky alebo zástery, ktoré sa dotkli Pavla, choroby od nich odchádzali a zlí duchovia z nich vychádzali.

Všemohúci Boh presahuje ľudské obmedzenia

Dokonca aj dnes, ak dostaneme pomoc Božej moci, nič nebude problémom. Aj zdanlivo najťažšie problémy už nebudú problémami. A toto sa osvedčuje každý týždeň v kostole, kde slúžim. Bolo uzdravených mnoho nevyliečiteľných chorôb, vrátane AIDS, pretože veriaci na bohoslužbách počúvali Božie slovo a dostali modlitbu uzdravenia.

Nielen v Južnej Kórei, ale aj nespočetné množstvo ľudí na celom svete zažilo úžasné diela uzdravenia, ktoré sú zaznamenané v Biblii. Tieto diela sa uskutočnili za pomoci televíznej stanice CNN. Navyše, máme pomocných pastorov, ktorí sa modlia s vreckovkami, nad ktorými som sa modlil. Prostredníctvom takých modlitieb sa uskutočňujú úžasné diela božského uzdravenia, ktoré presahujú rasy a kultúry.

Aj všetky problémy môjho života boli vyriešené po stretnutí s Bohom Stvoriteľom. Trápilo ma také množstvo chorôb, že som bol prezývaný „obchodným domom chorôb". V rodine nebol žiadny pokoj. Nevidel som jediný lúč nádeje. Ale bol som uzdravený zo všetkých mojich chorôb v okamihu, keď som v kostole pokľakol. Boh ma požehnal, aby som splatil finančné dlhy, ktoré som mal. Boli také veľké, že sa mi zdalo nemožné splatiť ich počas môjho života, ale nakoniec boli splatené v priebehu len niekoľkých mesiacov. V mojej rodine sa obnovilo šťastie a radosť. Navyše, Boh ma povolal stať sa pastorom a dal mi jeho moc, aby som zachránil mnoho duší.

Dnes mnoho ľudí tvrdí, že veria v Boha, ale je veľmi málo ľudí, ktorí žijú s pravou vierou. Ak majú problém, väčšina z nich sa spolieha na ľudské cesty, nie na Boha. Sú frustrovaní a odrádzaní, keď sa ich problémy nevyriešia ich vlastnými cestami. Ak ochorejú, nehľadajú Boha, ale spoliehajú sa na lekárov v nemocniciach. Ak čelia ťažkostiam v ich podnikaní, hľadajú pomoc všade naokolo.

Niektorí veriaci sa kvôli fyzickým ťažkostiam sťažujú na Boha alebo strácajú vieru. Stávajú sa vo viere nestabilnými a strácajú plnosť, ak sú prenasledovaní, alebo ak očakávajú nejakú stratu kvôli kráčaniu správnou cestou. Avšak, ak by verili, že Boh stvoril všetky nebesia a nemožné robí možným, určite by to nerobili.

Boh stvoril všetky vnútorné orgány ľudských bytostí. Existuje nejaká vážna choroba, ktorú Boh nedokáže uzdraviť? Boh povedal: „Moje je striebro, moje je zlato" (Ag 2, 8). Nemôže urobiť jeho deti bohatými? Boh dokáže všetko, ale ľudia sú odrádzaní alebo skľučení a vzdialia sa od pravdy, pretože nedôverujú všemohúcemu Bohu. Bez ohľadu na to, aký problém človek má, môže ho kedykoľvek vyriešiť, ak skutočne z hĺbky srdca dôveruje Bohu a spolieha sa na neho.

Stretnúť všemohúceho Boha Stvoriteľa

Príbeh veliteľa Naámana v 2 Kr 5 nás učí, ako od všemohúceho Boha dostať odpovede na naše problémy. Naáman bol veliteľom Aramovej armády, ale jeho malomocenstvo nedokázal uzdraviť.

Jedného dňa počul od hebrejskej slúžky o Božej moci, ktorú zjavoval Elizeus, izraelský prorok. Bol to pohan, ktorý neveril v Boha, ale neodvrhol slová dievčatka, pretože mal dobré srdce. Pripravil vzácne dary na stretnutie s Elizeom, Božím človekom, a vydal sa na dlhú cestu.

Ale keď prišiel do domu Elizea, prorok sa za neho nepomodlil, ani ho neprijal. Všetko, čo prorok urobil, bolo iba to, že mu po poslovi poslal odkaz, aby sa sedemkrát umyl v rieke Jordán. Spočiatku sa cítil urazený, ale netrvalo dlho a zmenil názor a poslúchol. Hoci ani skutky, ani slová Elizea nedávali v jeho mysli zmysel, uveril a poslúchol, pretože slová vyslovil Boží prorok, ktorý konal s Božou mocou. Keď sa Naáman sedemkrát ponoril do Jordánu, jeho malomocenstvo bolo zázračne úplne uzdravené. Čo tu symbolizuje ponorenie sa do Jordánu? Voda je Božie slovo. Znamená to, že človeku môžu byť odpustené hriechy, ak si zo srdca Božím slovom odstráni špinavé veci, ako keby sa umyl vodou. Pretože číslo sedem znamená dokonalosť, ponorenie sedemkrát naznačuje, že mu bolo úplne odpustené.

Ako už bolo vysvetlené, aby sme my, ľudia, dostali odpoveď od všemohúceho Boha, musí byť otvorená cesta komunikácie medzi Bohom a nami tým, že nám budú odpustené naše hriechy. V Iz 59, 1 – 2 je napísané: „Pozri, ruka Pána nie je taká krátka, aby nemohla zachraňovať, a jeho ucho nie je také nedoslýchavé, žeby nepočulo. Sú to vaše viny, čo sa stali prekážkou medzi vami a vaším Bohom, a vaše hriechy zakryli jeho tvár pred vami, takže nepočuje."

Ak sme nepoznali Boha a neprijali Ježiša Krista, musíme konať pokánie z toho, že sme neprijali Ježiša Krista (Jn 16, 9). Boh hovorí, že sme vrahmi, ak nenávidíme našich bratov (1 Jn 3, 15) a musíme konať pokánie z toho, že sme našich bratov nemilovali. Jak 4, 2 - 3 hovorí: „Ste žiadostiví, ale nemáte;

vraždíte a závidíte, ale nemôžete nič dosiahnuť; bijete sa a bojujete, ale nič nemáte, lebo neprosíte; prosíte, ale nedostávate, lebo prosíte zle; chcete to premárniť podľa svojich zlých žiadostí." Takže musíme konať pokánie z toho, že sme sa modlili so žiadostivosťou a s pochybnosťami (Jak 1, 6 - 7).

Okrem toho, ak sme pri vyznávaní našej viery nezachovali Božie slovo, musíme konať dôkladné pokánie. Nemali by sme len povedať, že je nám to ľúto. Musíme si úplne roztrhnúť naše srdcia a prelievať slzy. Naše pokánie môže byť považované za pravé pokánie iba vtedy, ak máme pevné odhodlanie žiť podľa Božieho slova a skutočne ho zachovávať.

Dt 32, 39 hovorí: „Pozrite teraz, že ja, len ja som a okrem mňa iného Boha niet. Ja usmrcujem, ja oživujem, raním i hojím. Niet nikoho, kto by sa mohol z mojej ruky vytrhnúť." Toto je Boh, v ktorého veríme.

Boh stvoril všetky nebesia a všetko, čo ich napĺňa. On pozná všetky naše situácie. Je dostatočne mocný, aby odpovedal na všetky naše modlitby. Bez ohľadu na to, aká zúfalá a depresívna je situácia pre ľudí, On môže všetko zmeniť, ako keby si hodil mincou. Preto dúfam, že dostanete odpovede na modlitby a túžby srdca tým, že budete mať pravú vieru spoliehať sa iba na Boha.

Dr. Vitaliy Fishberg (New York, Spojené štáty)

Na mieste zázrakov

Predtým, ako som absolvoval Moldavskú lekársku univerzitu, bol som šéfredaktorom lekárskeho časopisu „Váš rodinný lekár", ktorý je známy v Moldavsku, na Ukrajine, v Rusku a v Bielorusku. V roku 1997 som sa presťahoval do USA. Urobil som si doktorát v prírodovednej medicíne, v odbore klinická výživa a integratívna medicína, doktorát v alternatívnej medicíne, doktorát v ortomolekulárnej medicíne a čestný doktorát v prírodných zdravotných vedách. Keď som po skončení štúdia prišiel do New Yorku, veľmi skoro som sa stal skutočne slávnym v ruskej komunite a každý týždeň publikovalo moje články mnoho novín. V roku 2006 som počul o veľkom kresťanskom stretnutí v aréne Madison Square Garden. Mal som šancu stretnúť sa s delegáciou manmínskeho kostola a prostredníctvom nich som cítil moc Ducha Svätého. O dva týždne neskôr som sa zúčastnil misie.
Rev. Dr. Jaerock Lee najprv hlásal, prečo je Ježiš náš Spasiteľ, a potom sa modlil za účastníkov. „Pane, uzdrav ich! Bože, Otče, ak posolstvo, ktoré som kázal, nie je pravdivé, nech dnes večer nevykonám žiadne mocné diela! Ale ak je to pravda, nech veľa duší uvidí dôkaz o živom Bohu. Nech chromí chodia! Nech hluchí počujú! Nech sú všetky

nevyliečiteľné choroby spálené ohňom Ducha Svätého a ľudia sú uzdravení!"
Pri počutí takej modlitby som bol v šoku. Čo ak nedošlo k žiadnemu božskému uzdraveniu? Ako sa mohol modliť s takou istotou? Ale úžasné veci sa diali už pred ukončením modlitby za chorých. Ľudia, ktorí trpeli zlými duchmi, boli oslobodení. Nemí začali hovoriť. Nevidiaci začali vidieť. Mnoho ľudí svedčilo o tom, že ich sluchové postihnutie bolo uzdravené. Mnoho ľudí sa postavilo z invalidného vozíka a odhodilo ich barly. Niektorí z nich svedčili, že boli vyliečení z AIDS.
S pokračovaním misie sa Božia moc zjavovala ešte viac. Lekári Svetovej siete kresťanských lekárov, WCDN, ktorí prichádzali z mnohých krajín, priniesli si stôl, aby tam prijímali svedectvá. Pokúsili sa lekársky overiť svedectvá a ku koncu sme mali nedostatok lekárov, ktorí by mohli registrovať všetkých ľudí, ktorí svedčili o ich uzdravení!

Nubia Canová, 54-ročná pani žijúca v Queens, bola v roku 2003 diagnostikovaná rakovinou chrbtice. Nedokázala sa hýbať ani chodiť. Celý čas strávila v posteli a neznesiteľná bolesť ju prinútila, aby užívala morfínové injekcie každé 2 hodiny. Lekár jej povedal, že už nikdy nebude schopná opäť chodiť.
Keď sa zúčastnila misie „Misia v New Yorku s reverendom Jaerockom Leem v roku 2006", videla, že mnohí ľudia zažívajú Božie uzdravenie a začala veriť. Keď dostala modlitbu reverenda Leeho, po celom tele cítila teplo a cítila sa, ako keby ju niekto masíroval. Bolesť v chrbáte zmizla a od misie je schopná chodiť a zohýnať sa! Jej lekár bol jednoducho prekvapený, že ju vidí - niekoho, kto už nikdy nemal chodiť - chodiť tak voľne ako kedykoľvek predtým. Dokonca teraz môže tancovať aj na Merengue.

Maximillia Rodriguezová z Brooklynu mala veľmi slabý zrak. Už 14 rokov nosila kontaktné šošovky a posledné dva roky okuliare. V

Svedectvo bolo overené lekármi z WCDN

posledný deň misie prijala modlitbu viery reverenda Jaerocka Leeho a okamžite si uvedomila, že môže vidieť bez okuliarov. Dnes môže čítať aj to najmenšie písmo v Biblii bez okuliarov. Jej očná lekárka bola po potvrdení nepopierateľného zlepšenia jej zraku ohromená tým, čoho bola svedkom.

Aréna Madison Square Garden, kde sa konala misia v júli 2006, bola naozaj miestom zázrakov. Bol som veľmi dotknutý zažitím Božej moci. Jeho moc ma zmenila a začal som vidieť nový cieľ môjho života. Rozhodol som sa stať Božím nástrojom a lekársky dokazovať Božie diela uzdravenia a oznamovať ich po celom svete.

- Výťažok z diela Extraordinary Things -

Kapitola 3 Trojjediný Boh

> Boh, v ktorého veríme, je jediný Boh.
> Ale sú v Ňom tri osoby:
> Otec, Syn a Duch Svätý.

Božia prozreteľnosť v kultivácii ľudstva
Podstata a poradie Božej Trojice
Úlohy Božej Trojice
Syn Ježiš otvára cestu spásy
Duch Svätý dokončuje spásu
Ducha neuhášajte
Boh Otec, vodca kultivácie ľudstva
Trojjediný Boh napĺňa prozreteľnosť spásy
Popieranie trojjediného Boha a diel Ducha Svätého

„Choďte teda a získavajte mi učeníkov vo všetkých národoch a krstite ich v mene Otca i Syna i Svätého Ducha."

(Mt 28, 19)

Trojjediný Boh znamená, že Boh Otec, Boh Syn a Boh Duch Svätý sú jedno. Boh, v ktorého veríme, je jeden Boh. Má v sebe tri osoby: Otca, Syna a Ducha Svätého. A napriek tomu, že sú jedno, nazývame ich „trojjediný Boh" alebo „Božia Trojica".

Toto je veľmi dôležitá doktrína kresťanstva, ale sotva sa nájde niekto, kto to dokáže presne a podrobne vysvetliť. Je to preto, že pre ľudí, ktorí majú obmedzené myslenie a teórie, je veľmi ťažké pochopiť pôvod Boha Stvoriteľa. Avšak, v rozsahu, v ktorom chápeme Božiu Trojicu, môžeme pri rozhovore s ním jasnejšie pochopiť jeho srdce a dostať požehnanie a odpovede na naše modlitby.

Božia prozreteľnosť v kultivácii ľudstva

Boh povedal v Ex 3, 14: „Ja som, ktorý som." Nikto ho neporodil ani nestvoril. Iba existoval už od počiatku. Presahuje ľudské chápanie alebo predstavivosť; nemá počiatok ani koniec; iba existoval pred večnosťou a bude existovať po celú večnosť. Ako už bolo vysvetlené vyššie, Boh v nekonečnom vesmíre existoval sám ako svetlo so zvonivým hlasom (Jn 1, 1; 1 Jn 1, 5). Ale v určitom bode sa rozhodol, že chce mať niekoho, s kým by sa mohol deliť o lásku, a tak naplánoval kultiváciu ľudstva, aby získal pravé deti.

Aby Boh mohol začať kultiváciu ľudstva, najprv rozdelil priestor. Rozdelil priestor na duchovný priestor a fyzický priestor, kde by žili ľudia s telesnými telami. Potom začal existovať ako trojjediný Boh. Pôvodný Boh začal existovať v troch osobách - Otec, Syn a Duch Svätý.

Biblia hovorí, že Boh Syn, Ježiš Kristus, sa narodil z Boha (Sk

13, 33) a Jn 15, 26 a Gal 4, 6 hovorí, že aj Duch Svätý pochádza z Boha. Syn Ježiš a Duch Svätý pochádzajú z Boha Otca, niečo ako alternatívne ego. Bolo to absolútne nevyhnutné pre kultiváciu ľudstva. Syn Ježiš a Duch Svätý nie sú stvoreniami, ktoré boli stvorené Bohom, ale sú samotným pôvodným Bohom. Sú pôvodom jedno, ale kvôli kultivácii ľudstva existujú nezávisle. Ich úlohy sú odlišné, ale sú jedno v srdci, myšlienkach a moci, a preto hovoríme, že sú Božou Trojicou.

Podstata a poradie Božej Trojice

Rovnako ako Boh Otec, aj Syn Ježiš a Duch Svätý sú všemohúci. Taktiež, Syn Ježiš a Duch Svätý cítia to a túžia po tom, po čo túži a čo cíti Boh. Naopak, Boh Otec cíti radosť a bolesti Syna Ježiša a Ducha Svätého. A napriek tomu sú tieto tri osoby nezávislé bytosti, ktoré majú nezávislé vlastnosti a ich úlohy sú tiež odlišné.

Na jednej strane Syn Ježiš dostal rovnaké srdce ako má Boh Otec, ale jeho božstvo je mocnejšie ako jeho ľudskosť. Jeho božská dôstojnosť a spravodlivosť sú výraznejšie. Na druhej strane, v prípade Ducha Svätého je mocnejšia jeho ľudskosť. Sú výraznejšie jeho nežné, milujúce, milosrdné a súcitné vlastnosti.

Ako bolo vysvetlené, Boh Syn a Boh Duch Svätý sú jedno s pôvodným Bohom Otcom, ale sú to nezávislé bytosti s dobre rozlíšiteľnými vlastnosťami. Ich úlohy sa líšia podľa poradia. Po Bohu Otcovi nasleduje Syn Ježiš Kristus a po synovi nasleduje Duch Svätý. S láskou slúži Synovi a Otcovi.

Úlohy Božej Trojice

Tri osoby Trojice spoločne pracujú na kultivácii ľudstva. Každá z týchto troch osôb plne hrá svoju vlastnú úlohu, ale občas vo veľmi dôležitých bodoch kultivácie ľudstva pracovali spoločne.

Napríklad, Gn 1, 26 hovorí: „Boh povedal: „Utvorme človeka na svoj obraz, na svoju podobu."" Z tohto môžeme pochopiť, že Božia Trojica spoločne stvorila ľudské bytosti na ich podobu. Taktiež, keď sa Boh prišiel pozrieť na Babylonkú vežu, boli tam všetky tri osoby. Keď ľudia začali budovať Babylonskú vežu s túžbou stať sa ako Boh, Božia Trojica poplietla ich reč.

V Gn 11, 7 je napísané: „Poďme, zostúpme a zmäťme im reč, aby sa medzi sebou nedorozumeli." Tu „my" je množné číslo prvej osoby a môžeme vidieť, že tri osoby Božej Trojice boli spolu. Ako už bolo vysvetlené, tri osoby niekedy pracovali ako jedna, ale v skutočnosti vykonávajú rozdielne úlohy, aby sa naplnila prozreteľnosť kultivácie ľudstva od stvorenia až po spásu ľudských bytostí. Aká je úloha každej osoby z Trojice?

Syn Ježiš otvára cestu spásy

Úlohou Syna Ježiša je stať sa Spasiteľom a otvoriť cestu spásy pre hriešnikov. Keďže Adam v neposlušnosti jedol ovocie, ktoré Boh zakázal, do ľudských bytostí vstúpil hriech. Ľudské bytosti preto potrebovali spásu.

Na základe duchovného zákona, ktorý hovorí, že mzdou hriechu je smrť, boli ľudia odsúdení na večnú smrť, pekelný oheň. Ale Ježiš, Boží Syn, splatil trest smrti za hriešnikov, aby nešli do pekla.

Prečo sa Syn Ježiš musel stať Spasiteľom celého ľudstva? Ako má každá krajina vlastný zákon, aj duchovný svet má vlastný zákon a nie každý sa môže stať Spasiteľom. Osoba môže otvoriť cestu spásy len vtedy, keď spĺňa všetky kvalifikácie. Aké sú teda kvalifikácie na Spasiteľa a otvorenie cesty spásy pre ľudstvo, ktoré bolo kvôli hriechom odsúdené na smrť?

Po prvé, Spasiteľ musí byť človekom. 1 Kor 15, 21 hovorí: „Lebo ako skrze človeka prišla smrť, tak prišlo skrze človeka aj zmŕtvychvstanie." Ako je napísané, pretože smrť vstúpila do ľudí kvôli neposlušnosti človeka Adama, spása musí tiež prísť skrze človeka ako Adam.

Po druhé, Spasiteľ nesmie byť potomkom Adama. Adamoví potomkovia sú všetci hriešnici, ktorí sa rodia s prvotným hriechom, ktorý zdedili po ich predkoch. Žiaden potomok Adama sa nemôže stať Spasiteľom. Ale Ježiš bol počatý Duchom Svätým a nie je potomkom Adama. Nemá prvotný hriech zdedený po rodičoch (Mt 1, 18 - 21).

Po tretie, Spasiteľ musí mať moc. Aby vykúpil hriešnikov od nepriateľa diabla, musí mať Spasiteľ moc a duchovná moc znamená byť bez hriechu. Nesmie mať prvotný hriech a nesmie spáchať žiadny hriech a musí úplne zachovávať Božie slovo. Nesmie mať žiadne chyby alebo poškvrnenia.

Na záver, Spasiteľ musí mať lásku. Dokonca aj keď má všetky tri vyššie uvedené kvalifikácie, nezomrel by za hriech iných ľudí, ak by nemal lásku. Potom by ľudstvo nebolo nikdy spasené. Preto

Spasiteľ musí mať lásku, aby prijal trest smrti za ľudí, ktorí sú hriešnici.

Film „Utrpenie Krista" veľmi dobre zobrazil Ježišovo utrpenie. Ježiš bol bičovaný a boli vytrhávané kusy jeho tela. Bol pribitý za ruky a nohy a na hlave mal tŕne. Visel na kríži, a keď naposledy vydýchol, mal prebodnutý bok a prelial všetku jeho vodu a krv. Vzal na seba všetky tieto utrpenia, aby nás vykúpil zo všetkých našich neprávostí, hriechov, chorôb a slabostí.

Od Adamovho hriechu žiadny človek nesplnil všetky štyri kvalifikácie. Adamovi potomkovia pri narodení dedia po svojich predkoch prvotný hriech, teda hriešnu prirodzenosť. A niet človeka, ktorý by žil úplne podľa Božieho zákona a neexistuje nikto, kto by vôbec nepáchal hriechy. Človek s veľkým dlhom nemôže splácať dlh iných ľudí. Rovnakým spôsobom, hriešnici, ktorí majú prvotný hriech a vlastné hriechy, nemôžu zachrániť hriešnikov, iné ľudské bytosti. Z tohto dôvodu Boh pripravil tajomstvo ukryté už pred vekmi, ktorým je Ježiš, Boží Syn.

Ježiš splnil všetky kvalifikácie Spasiteľa. Narodil sa na tejto zemi v ľudskom tele, ale nebol počatý spojením spermií muža a vajíčka ženy. Dieťa Panny Márie bolo počaté Duchom Svätým. Takže Ježiš nebol Adamovým potomkom a nemal prvotný hriech. Počas celého jeho života úplne dodržiaval zákon a nespáchal vôbec žiadny hriech.

Tento dokonale kvalifikovaný Ježiš bol ukrižovaný s obetujúcou láskou k hriešnikom. A tak ľudia získali cestu, aby im jeho krvou boli odpustené hriechy. Keby sa Ježiš nestal Spasiteľom, všetky ľudské bytosti od Adama by padli do pekla. Ak by všetci padli do pekla, cieľ kultivácie ľudstva by sa nedosiahol. To znamená, že nikto by nebol schopný vstúpiť do nebeského kráľovstva, a preto by Boh nezískal žiadne pravé deti. Preto Boh pripravil Syna Ježiša, ktorý by mal úlohu Spasiteľa, aby splnil účel kultivácie ľudstva. Ktokoľvek, kto verí v bezhriešneho Ježiša, ktorý zomrel za nás na kríži, môže mať odpustené hriechy a získať právo stať sa Božím dieťaťom.

Duch Svätý dokončuje spásu

Úlohou Ducha Svätého je dokončiť spásu, ktorú ľudia získali prostredníctvom Syna Ježiša. Je to, ako keby sa matka starala o novorodenca a vychovávala ho. Duch Svätý sadí vieru v srdcia tých, ktorí prijímajú Pána a vedie ich, až kým nedosiahnu nebeské kráľovstvo. Pri jeho práci sa rozdeľuje na nespočetné množstvo duchov. Pôvodná bytosť Ducha Svätého je na jednom mieste, ale nespočetné množstvo duchov pochádzajúcich z neho koná naraz s tým istým srdcom a mocou, nech sú kdekoľvek na svete.

Samozrejme, aj Otec a Syn sa môžu rozdeliť na nespočetné množstvo duchov ako Duch Svätý. Ježiš povedal v Mt 18, 20: „Lebo kde sú zhromaždení dvaja alebo traja v mojom mene, tam som ja medzi nimi." Môžeme pochopiť, že Ježiš môže rozdeliť jeho podstatu na nespočetné množstvo duchov. Pán Ježiš nemôže byť s veriacimi v jeho pôvodnom bytí na každom mieste, kde sa zhromažďujú v jeho mene. Namiesto toho, všade idú jeho rozdelení duchovia a sú tam s nimi.

Duch Svätý vedie každého veriaceho tak nežne a láskyplne, ako matka starajúca sa o svoje dieťa. Keď ľudia príjmu Pána, do ich sŕdc prichádzajú duchovia pochádzajúci z Ducha Svätého. Bez ohľadu na to, koľko ľudí prijíma Pána, rozdelení duchovia

Ducha Svätého môžu prísť do srdca všetkých z nich a prebývať v nich. Keď sa to stane, hovoríme, že „dostali dar Ducha Svätého". Duch Svätý, ktorý žije v srdciach veriacich, pomáha im mať duchovnú vieru, aby boli spasení, a vedie ich ako súkromný učiteľ k tomu, aby ich viera rástla do najvyššej možnej miery.

Vedie veriacich k tomu, aby sa usilovne učili Božie slovo, aby zmenili svoje srdce podľa Slova, a aby duchovne rástli. Podľa Božieho slova musia veriaci zmeniť ich horkokrvnosť na miernosť a nenávisť na lásku. Ak ste v sebe v minulosti mali závisť alebo žiarlivosť, teraz sa musíte v pravde tešiť z úspechu druhých. Ak ste boli arogantní, teraz musíte byť pokorní a slúžiť druhým.

Ak ste v minulosti hľadali vlastné výhody, teraz sa musíte obetovať až na smrť. Ľuďom, ktorí vám konajú zlo, nesmiete konať nič zlé, ale s dobrotou pohnúť ich srdcom.

Ducha neuhášajte

Ak ešte stále máte v sebe nepravdu, ako keby ste boli neveriaci, dokonca aj po tom, čo ste prijali Pána a ste už mnoho rokov veriacimi, Duch Svätý, ktorý vo vás prebýva, bude veľmi trpieť. Ak budeme ľahko podráždení, keď bezdôvodne trpíme, alebo ak budeme súdiť a odsudzovať bratov v Kristovi a odhaľovať ich priestupky, nebudeme schopní pozdvihnúť hlavu pred Pánom, ktorý zomrel za naše hriechy.

Predpokladajme, že ste získali cirkevný titul, ako diakon alebo starší, ale nie ste s ostatnými ľuďmi v pokoji alebo im vaším pokrytectvom spôsobujete ťažkosti alebo potknutie. Potom Duch Svätý, ktorý vo vás prebýva, bude veľmi stonať. Keď príjmeme Pána a znovuzrodíme sa, musíme sa pokúsiť odhodiť každý druh zla a hriechu a každodenne zväčsovať našu vieru.

Ak dokonca aj po prijatí Pána stále žijete v hriechoch sveta a páchate hriechy, ktoré vedú k smrti, Duch Svätý vás nakoniec opustí a vaše meno bude vymazané z knihy života. Ex 32, 33 hovorí: „Pán povedal Mojžišovi Zo svojej knihy vytriem toho, kto zhrešil proti mne."

Zjv 3, 5 hovorí: „Kto zvíťazí, bude oblečený do bieleho rúcha a jeho meno nevymažem z knihy života. Jeho meno vyznám pred svojím Otcom i pred jeho anjelmi." Tieto verše nám hovoria, že aj keď sme dostali dar Ducha Svätého a naše mená boli zapísané v knihe života, môžu byť tiež vymazané.

1 Tes 5, 19 hovorí: „Ducha neuhášajte." Ako je napísané, aj keď ste spasení a dostali ste dar Ducha Svätého, ak nežijete v pravde, Duch Svätý bude uhasený.

Duch Svätý prebýva v srdci každého veriaceho a vedie ho k tomu, aby nestratil spásu tým, že ho neustále osvecuje pravdou a nabáda ho žiť podľa Božej vôle. Keď nás učí o hriechu a spravodlivosti, oznamuje nám, že Boh je Stvoriteľ, Ježiš Kristus je náš Spasiteľ, existuje nebo a peklo a na konci bude súd.

Duch Svätý sa za nás prihovára pred Bohom Otcom práve tak, ako je to napísané v Rim 8, 26: „Tak aj Duch prichádza na pomoc našej slabosti. Veď nevieme ani to, za čo sa máme modliť. Ale sám Duch sa za nás prihovára nevysloviteľnými vzdychmi." Narieka, keď Božie deti páchajú hriechy a pomáha im konať pokánie a odvrátiť sa od ich ciest.

A vylieva na nich vnuknutie a plnosť Ducha Svätého a dáva im rôzne dary, aby mohli odhodiť všetky druhy hriechov a zažiť Božie diela. My, Božie deti, musíme prosiť o tieto diela Ducha

Svätého a túžiť po hlbších veciach.

Boh Otec, vodca kultivácie ľudstva

Boh Otec je vodcom veľkého plánu kultivácie ľudstva. On je Stvoriteľ, Vládca a Sudca v posledný deň. Boží Syn, Ježiš Kristus, otvoril cestu k spáse ľudských bytostí, ktoré sú hriešnikmi. Napokon, Boh Duch Svätý vedie tých, ktorí sú spasení k tomu, aby mali pravú vieru a dosiahli úplnú spásu. Inými slovami, Duch Svätý dokončuje spásu, ktorá je daná každému veriacemu. Každá služba troch osôb Boha pôsobí ako jedna moc pri dosahovaní prozreteľnosti kultivácie ľudstva v pravé deti.

Avšak, každá z ich služieb je striktne odlíšená podľa poradia, ale tieto tri osoby pracujú v zhode. Keď Ježiš zostúpil na zem, úplne nasledoval vôľu Otca bez nasledovania vlastnej vôle. Duch Svätý bol s Ježišom a pomáhal mu s jeho službou od doby, keď bol Ježiš počatý v lone Panny Márie. Keď Ježiš visel na kríži a trpel bolesťou, Otec a Duch Svätý súčasne cítili rovnaký pocit a bolesť.

Rovnako, keď Duch Svätý stoná a prosí o duše, Pán a Otec cítia rovnakú bolesť a nárek. Tri osoby Božej Trojice v každom okamihu robia všetko s tým istým srdcom a vôľou a cítia rovnaké pocity v službe každého z nich. Jedným slovom, tieto tri osoby dosahujú všetko ako traja v jednom.

Trojjediný Boh napĺňa prozreteľnosť spásy

Tri osoby Boha plnia prozreteľnosť kultivácie ľudstva ako

traja v jednom. V 1 Jn 5, 8 je napísané: „Duch, voda a krv; a tí traja sú jedno." Voda tu symbolizuje úlohu Boha Otca, ktorý je Slovo. Krv znamená úlohu Pána, ktorá prelial jeho krv na kríži. Božia Trojica koná službu ako duch, voda a krv, ktorí sú jedno, aby svedčili, že veriace deti sú spasené.

Takže musíme jasne pochopiť každé poslanie Božej Trojice a nesmieme sa prikláňať iba k jednej osobe z Trojice. Až keď prijmeme tri osoby v Božej Trojici a uveríme v nich, budeme spasení vierou v Boha a budeme môcť povedať, že poznáme Boha. Keď sa modlíme, modlíme sa v mene Ježiša Krista, ale je to Boh Otec, kto nám odpovedá a Duch Svätý nám pomáha dostať odpoveď.

Ježiš tiež povedal v Mt 28, 19: „Choďte teda a získavajte mi učeníkov vo všetkých národoch a krstite ich v mene Otca i Syna i Svätého Ducha," a apoštol Pavol požehnal veriacich v mene Trojice v 2 Kor 13, 14: „Milosť Pána Ježiša Krista, Božia láska a spoločenstvo Svätého Ducha nech je s vami všetkými!" Preto sa na nedeľných bohoslužbách udeľuje požehnanie, aby Božie deti dostali milosť Spasiteľa a Pána Ježiša Krista, lásku Boha Otca a vnuknutie a plnosť Ducha Svätého.

Popieranie trojjediného Boha a diel Ducha Svätého

Niektorí ľudia neprijímajú Trojicu. Medzi nich patria aj Jehovovi svedkovia. Neuznávajú božskosť Ježiša Krista. Neuznávajú ani samostatnú osobnosť Ducha Svätého, a preto sú považovaní za kacírov.

Biblia hovorí, že tí, ktorí popierajú Ježiša Krista a prinášajú tak na seba rýchlu skazu, sú kacírmi (2 Pt 2, 1). Navonok vyzerajú, ako keby dodržiavali kresťanstvo, ale nenasledujú Božiu vôľu. Nemajú so spásou nič spoločné a my, veriaci, nesmieme sa nechať oklamať.

Dokonca aj niektoré cirkvi popierajú diela Ducha Svätého, aj keď hovoria, že vyznávajú vieru v Trojicu. Biblia opisuje rôzne dary Ducha Svätého, ako je rozprávanie v jazykoch, proroctvá, božské uzdravenie, zjavenia a vízie. Existujú aj niektoré cirkvi, ktoré odsudzujú tieto diela Ducha Svätého ako niečo zlé alebo sa pokúšajú zabrániť dielam Ducha Svätého, hoci vyznávajú, že veria v Boha.

Často odsudzujú za kacírske cirkvi tie, ktoré dostávajú dary Ducha Svätého. Toto priamo uráža Božiu vôľu a páchajú neodpustiteľný hriech rúhania, potupovania alebo stavania sa proti Duchu Svätému. Keď spáchajú tieto hriechy, duch pokánia na nich neprichádza a nemôžu konať pokánie.

A ak urážajú alebo odsudzujú Božieho služobníka alebo cirkev naplnenú dielami Ducha Svätého, je to to isté ako odsudzovať Božiu Trojicu a konať ako nepriateľ, ktorý stojí proti Bohu. Božie deti, ktoré sú spasené a dostali dar Ducha Svätého, nesmú sa vyhýbať dielam Ducha Svätého, ale práve naopak, mali by túžiť po týchto dielach. Zvlášť kňazi musia nielen zažívať diela Ducha Svätého, ale aj tieto diela Ducha Svätého vykonávať, aby ich stáda mohli vďaka týmto dielam viesť bohaté životy.

1 Kor 4, 20 hovorí: „Božie kráľovstvo totiž nespočíva v reči, ale v moci." Ak kňazi učia svoje stádo len ich poznaním alebo formalitami, znamená to, že sú slepí, ktorí vedú slepých. Kňazi musia učiť svoje stádo presnú pravdu a umožniť im zažiť dôkazy o živom Bohu uskutočňovaním diel Ducha Svätého.

Dnešná doba sa označuje za „éru Ducha Svätého". Pod

vedením Ducha Svätého dostávame bohaté požehnanie a milosť Božej Trojice, ktorá kultivuje ľudské bytosti.

Jn 14, 16 – 17 hovorí: „A ja budem prosiť Otca a on vám dá iného Tešiteľa, aby bol s vami až naveky —Ducha pravdy, ktorého svet nemôže prijať, pretože ho nevidí, ani nepozná. Vy ho poznáte, veď zostáva pri vás a bude vo vás."

Potom, čo Pán splnil úlohu ľudskej spásy, vstal z mŕtvych a vystúpil na nebesia, Duch Svätý pokračuje v Pánovej službe kultivácie ľudstva. Duch Svätý je s každým veriacim, ktorý prijíma Pána a prebývaním v srdci každého veriaceho vedie týchto veriacich k pravde.

Navyše, dnes, keď prevláda hriech a temnota stále viac pokrýva svet, Boh sa ukazuje tým, ktorí ho zo srdca hľadajú a zjavuje im ohnivé diela Ducha Svätého. Dúfam, že sa stanete pravými Božími deťmi v dielach Otca, Syna a Ducha Svätého, aby ste dostali všetko, o čo v modlitbe prosíte, a dosiahli úplnú spásu.

Príklady z Biblie I

Veci, ktoré sa stali, keď sa v prvom nebi otvorila brána druhého neba.

Prvým nebom je fyzický priestor, v ktorom žijeme.

V druhom nebi je oblasť svetla, Eden a oblasť temnoty.

V treťom nebi je nebeské kráľovstvo, kde budeme naveky žiť.

Štvrtým nebom je priestor pôvodného Boha, ktorý patrí výlučne Božej Trojici.

Tieto „nebesia" sú striktne oddelené, ale každý priestor je navzájom „priľahlý".

Ak je to potrebné, brána druhého neba sa otvorí v priestore prvého neba, kde teraz žijeme.

Niekedy sa môže otvoriť aj priestor tretieho alebo štvrtého neba.

Môžeme nájsť mnoho udalostí, kedy sa v tomto prvom nebi uskutočnili veci druhého neba.

Keď sa otvorí brána druhého neba a veci raja Edenu vojdú do priestoru prvého neba, tí, ktorí žijú v prvom nebi, môžu vidieť tieto veci a dotknúť sa ich.

Potrestanie ohňom na Sodomu a Gomoru

Gn 19, 24 hovorí: „Pán zoslal na Sodomu a Gomoru síru a oheň; bolo to od Pána z neba." „Od Pána z neba" tu znamená, že Boh otvoril bránu priestoru druhého neba, a odtiaľ zoslal síru a oheň. To isté sa stalo na vrchu Karmel, keď Eliáš konfrontoval 850 kňazov pohanských bohov tým, že privolal ohnivú odpoveď. V 1 Kr 18, 37 - 38 je napísané: „Odpovedz mi, Pane, odpovedz, aby tento ľud spoznal, že ty, Pán, si Boh a znovu si získavaš ich srdce. Vtom spadol Pánov oheň, strávil spaľovanú obetu, drevo, kamene i prach a vodu v priekope vysušil." Oheň druhého neba môže skutočne spáliť veci prvého neba.

Hviezda, ktorá viedla troch mudrcov

Mt 2, 9 hovorí: „Oni vypočuli kráľa a odišli. A hľa, hviezda, ktorú videli na východe, išla pred nimi, až zastala nad miestom, kde bolo dieťatko." Zjavila sa hviezda druhého neba, ktorá sa opakovane posúvala a chvíľami stála. Keď mudrci dosiahli cieľ, hviezda sa tam zastavila.
Ak by bola táto hviezda hviezdou prvého neba, malo by to obrovský vplyv na vesmír, pretože všetky hviezdy v prvom nebi sa pohybujú po vlastnej ceste veľmi usporiadaným spôsobom. Môžeme pochopiť, že hviezda, ktorá viedla troch mudrcov, nebola jednou z hviezd v prvom nebi.
Boh posúval hviezdu v druhom nebi, aby nemala žiadny vplyv na vesmír prvého neba. Boh otvoril priestor druhého neba, aby mudrci mohli vidieť túto hviezdu.

Manna daná synom Izraela

Ex 16, 4 hovorí: „Potom povedal Pán Mojžišovi: „Ja vám zošlem chlieb, ktorý bude padať z neba. Ľud nech vychádza a naberie si, koľko bude každý deň potrebovať. Tým ho vyskúšam, či sa bude správať podľa môjho zákona, alebo nie.""
Ako Boh povedal, že „zošle chlieb, ktorý bude padať z neba", Boh dal synom Izraela mannu, keď 40 rokov putovali po púšti. Manna bola veľká ako koriandrové semienko a vyzerala ako myrhovník. Jej chuť pripomínala chuť na oleji upečených koláčov. Ako bolo vysvetlené v Biblii, existuje veľa záznamov o udalostiach, ku ktorým došlo, keď sa v prvom nebi otvorila brána priestoru druhého neba.

Kapitola 4 — Spravodlivosť

> Môžeme vyriešiť akýkoľvek problém
> a získať požehnanie a odpovede na modlitby,
> keď správne chápeme spravodlivosti Boha
> a podľa toho aj konáme.

Božia spravodlivosť

Boh s určitosťou zachováva jeho spravodlivosť

Konať podľa pravidiel Božej spravodlivosti

Dve strany spravodlivosti

Vyššie rozmery spravodlivosti

Viera a poslušnosť - základné pravidlá spravodlivosti

„Tvojej spravodlivosti dá vyjsť ako svetlu a tvojmu právu ako jasnému poludniu."

(Ž 37, 6)

Existujú problémy, ktoré nie je možné vyriešiť žiadnou ľudskou metódou. Ale môžu za okamih pominúť, ak na nich Boh v srdci už len pomyslí.

Napríklad, niektoré matematické úlohy môžu byť veľmi ťažké pre žiakov základných škôl, ale pre študentov vysokých škôl nie sú žiadnym problémom. Rovnako ani pre Boha nie je nič nemožné, pretože je vládcom všetkých nebies.

Aby sme zažili moc všemohúceho Boha, musíme poznať spôsoby, ako dostať odpovede od Boha, a zachovávať ich. Keď správne pochopíme Božiu spravodlivosť a podľa toho konáme, môžeme vyriešiť akýkoľvek problém a získať odpovede a požehnanie.

Božia spravodlivosť

Spravodlivosť predstavuje pravidlá, ktoré Boh ustanovil a tieto pravidlá sú presne dodržiavané. Jednoducho povedané, je to pravidlo „príčiny a následku". Sú pravidlá, ktoré spôsobujú, že určité príčiny prinášajú určité výsledky.

Dokonca aj neveriaci hovoria, že žneme to, čo sejeme. Kórejské príslovie hovorí: „Žnete fazuľu, kde sejete fazuľu a žnete červené fazuľky, kde sejete červené fazuľky." Keďže existujú takéto pravidlá, v Božej pravde sú pravidlá spravodlivosti oveľa prísnejšie.

Biblia hovorí: „Proste a dostanete, hľadajte a nájdete, klopte a otvorí sa vám." (Mt 7, 7). „Nemýľte sa! Boh sa nedá vysmievať, lebo čo človek rozsieva, bude aj žať." (Gal 6, 7). „Je to tak: „Kto skúpo seje, skúpo bude aj žať, kto však seje štedro, štedro bude aj žať.'" (2 Kor 9, 6). Toto sú len niektoré príklady pravidiel spravodlivosti.

Existujú aj pravidlá o následkoch hriechov. Rim 6, 23 hovorí: „Lebo mzdou hriechu je smrť a darom Božej milosti je večný život v Ježišovi Kristovi, našom Pánovi." Prís 16, 18 hovoria: „Skazu predchádza pýcha a pád predchádza namyslený duch." Jak 1, 15 hovorí: „Žiadostivosť potom, keď počne, porodí hriech a vykonaný hriech splodí smrť."

Okrem týchto pravidiel existujú aj pravidlá, ktoré neveriaci nedokážu skutočne pochopiť. Napríklad, Mt 23, 11 hovorí: „Najväčší z vás bude vaším sluhom." Mt 10, 39 hovorí: „Kto nájde svoj život, stratí ho, a kto stratí svoj život pre mňa, nájde ho." Sk 20, 35 v druhej časti hovorí: „Blaženejšie je dávať, ako prijímať." Neveriaci im nielen nerozumejú, ale dokonca si myslia, že tieto pravidlá sú nesprávne.

Ale Božie slovo sa nikdy nemýli a nikdy sa nemení. Svet s plynutím času hovorí o zmenách, ale Božie slová napísané v Biblii, teda pravidlá spravodlivosti, napĺňajú sa tak, ako sú napísané.

Preto, ak dokážeme správne pochopiť Božiu spravodlivosť, môžeme nájsť príčiny akéhokoľvek problému a vyriešiť ho. Podobne môžeme získať aj odpovede na túžby našich sŕdc. Biblia vysvetľuje dôvody, prečo máme chorobu, prečo trpíme finančnými problémami, prečo nie je v našej rodine žiadny pokoj, alebo prečo strácame Božiu milosť a padáme.

Stačí, ak len pochopíme pravidlá spravodlivosti napísané v

Biblii, a môžeme získať požehnanie a odpovede na naše modlitby. Boh verne dodržiava všetky pravidlá, ktoré sám ustanovil, a preto, ak konáme podľa nich, určite dostaneme požehnanie a odpovede na problémy.

Boh s určitosťou zachováva jeho spravodlivosť

Boh je Stvoriteľom a vládcom všetkých vecí, a aj napriek tomu nikdy neporušuje pravidlá spravodlivosti. Nikdy nepovie: „Ustanovil som tieto pravidlá, ale nemusím ich dodržiavať." Vo všetkom koná presne podľa spravodlivosti bez jedinej chyby.

Boží Syn, Ježiš, prišiel na túto zem a zomrel na kríži, aby nás vykúpil z našich hriechov presne podľa pravidiel spravodlivosti.

Niektorí môžu hovoriť: „Prečo Boh nemôže zničiť diabla a každého zachrániť?" Ale On to nikdy neurobí. Ustanovil pravidlá spravodlivosti, pretože na začiatku vytvoril plán kultivácie ľudstva a dodržiava ich tak, ako ich ustanovil. To je dôvod, prečo priniesol takú veľkú obetu, že dal dokonca aj svojho jediného Syna, aby nám otvoril cestu spásy.

Preto nemôžeme byť spasení a ísť do neba len tým, že perami vyznáme „verím" a chodíme do kostola. Musíme byť v hraniciach spásy, ktoré sú stanovené Bohom. Aby sme boli spasení, musíme veriť v Ježiša Krista ako nášho osobného Spasiteľa a zachovávať Božie slovo tým, že žijeme podľa pravidiel spravodlivosti.

Okrem tejto záležitosti spásy aj veľa častí Biblie vysvetľuje Božiu spravodlivosť, ktorá napĺňa všetko presne podľa zákona duchovného sveta. Ak pochopíme túto spravodlivosť, bude pre nás veľmi jednoduché vyriešiť problémy našich hriechov. Uľahčí to aj získanie požehnaní a odpovedí na modlitby. Napríklad, čo musíte urobiť, ak chcete dosiahnuť túžby vášho srdca?

Ž 37, 4 hovorí: „Raduj sa v Pánovi a dá ti, po čom túži tvoje srdce." Aby ste sa mohli skutočne radovať v Bohu, musíte sa najprv Bohu zapáčiť. A v mnohých častiach Biblie môžeme nájsť veľa spôsobov, ako sa Bohu zapáčiť.

Prvá časť Hebr 11, 6 hovorí: „Bez viery však nie je možné zapáčiť sa Bohu." Bohu sa môžeme zapáčiť do tej miery, do akej veríme v Božie slovo, odhodíme hriechy a posvätíme sa. Navyše, Boha môžeme potešovať našimi snahami a obetami ako kráľ Šalamún, ktorý priniesol tisíc obiet. Tiež môžeme vykonávať dobrovoľné práce pre Božie kráľovstvo. Existuje ešte mnoho ďalších spôsobov.

Preto by sme mali pochopiť, že čítanie Biblie a počúvanie kázní je jedným zo spôsobov, ako sa naučiť pravidlá spravodlivosti. Ak budeme nasledovať tieto pravidlá a zapáčime sa Bohu, môžeme mať splnené všetky túžby našich sŕdc a vzdať slávu Bohu.

Konať podľa pravidiel Božej spravodlivosti

Odkedy som prijal Pána a uvedomil si Božiu spravodlivosť, bolo pre mňa veľkým potešením viesť život vo viere. Keď som konal podľa pravidiel spravodlivosti, dostal som lásku Boha a finančné požehnanie.

Boh tiež hovorí, že nás ochráni pred chorobami a nešťastím, ak žijeme v Božom slove. A keďže ja a moji rodinní príslušníci žijeme len vo viere, všetci moji rodinní príslušníci sú takí zdraví, že od prijatia Pána sme nikdy neboli v žiadnej nemocnici ani nebrali žiadne lieky.

Pretože som veril, že podľa Božej spravodlivosti budeme žať to, čo sme zasiali, rád som dával Bohu, aj keď som bol chudobný. Niektorí ľudia hovoria: „Ja som taká chudobná, že nemám, čo dať Bohu." Ale práve preto, že som bol chudobný, dával som o to usilovnejšie.

2 Kor 9, 7 hovorí: „Každý tak, ako si umienil v srdci: Nie s nevôľou alebo z donútenia, lebo ochotného darcu miluje Boh." Ako je napísané, nikdy som neprišiel pred Boha s prázdnymi rukami.

Vždy som rád a s vďakyvzdaním dával Bohu, aj keď som mal málo, a čoskoro som získal finančné požehnanie. Bol som schopný dávať s radosťou, pretože som vedel, že keď dám Božiemu kráľovstvu s vierou, Boh mi dá mieru natlačenú, pretrepanú a pretekajúcu, dokonca 30, 60 alebo 100-násobne viac, ako som dal Bohu.

Vďaka tomu som splatil veľké množstvo dlhov, ktoré som nadobudol, keď som bol sedem rokov na lôžku, a doteraz som taký požehnaný, že mi nič nechýba.

Navyše, pretože som poznal zákon spravodlivosti, podľa ktorého Boh dáva jeho moc tým ľuďom, ktorí v sebe nemajú zlo a posvätili sa, naďalej som vrúcnymi modlitbami a pôstom odhadzoval zlo, a nakoniec som dostal Božiu moc.

Dnešná úžasná Božia moc sa prejavuje, pretože som dosiahol rozmer lásky a spravodlivosti, ktorú Boh odo mňa požadoval, keď som s trpezlivosťou zvládal mnohé ťažkosti a skúšky. Boh mi nedal jeho moc bezpodmienečne. Dal mi ju na základe pravidiel spravodlivosti. Preto nepriateľ diabol a satan nemôžu tomu oponovať.

Okrem tohto, veril som všetkým slovám v Biblii a všetky som ich zachovával a zažil som všetky zázračné diela a požehnania, ktoré sú v Biblii napísané.

A tieto diela sa nekonajú len mne. Ak niekto pochopí pravidlá Božej spravodlivosti napísané v Biblii a podľa nich koná, môže dostať tie isté druhy požehnaní, aké som dostal ja.

Dve strany spravodlivosti

Zvyčajne si ľudia myslia, že spravodlivosť je niečo hrozivé, čo sprevádza tresty. Samozrejme, na základe spravodlivosti po hriechoch a zlobe budú nasledovať hrozivé tresty, ale naopak, toto by mohlo byť kľúčom k tomu, aby nám to prinieslo požehnanie.

Spravodlivosť je ako dve strany mince. Pre tých, ktorí žijú v tme, je to niečo hrozivé, ale pre tých, ktorí žijú vo svetle, je to niečo veľmi dobré. Ak zlodej drží v ruke kuchynský nôž, môže to byť vražedná zbraň, ale keď je nôž v rukách matky, je to nástroj na prípravu jedla, ktorý jej pomáha pripravovať chutné jedlá pre rodinu.

Preto, v závislosti od toho, na akého človeka sa uplatňuje

Božia spravodlivosť, môže to byť veľmi hrozivé alebo veľmi radostné. Ak chápeme obidve strany spravodlivosti, môžeme tiež pochopiť, že spravodlivosť je napĺňaná láskou, a zároveň aj láska Boha je ukončená spravodlivosťou. Láska bez spravodlivosti nie je pravou láskou, a ani spravodlivosť bez lásky nemôže byť pravou spravodlivosťou.

Napríklad, čo ak budete trestať svoje deti zakaždým, keď urobia niečo zlé? Alebo čo ak nikdy svoje deti nepotrestáte? V oboch prípadoch skončíte tým, že vaše deti zídu na zlé chodníčky.

Na základe spravodlivosti musíte niekedy prísne potrestať vaše deti pre ich priestupky, ale nemôžete im neustále ukazovať „spravodlivosť". Niekedy je potrebné im dať ďalšiu šancu, a ak sa naozaj od svojich ciest obrátia, musíte im s láskou preukázať odpustenie a milosť. Ale, opäť, nemôžete neprestajne prejavovať milosrdenstvo a lásku. Svoje deti musíte viesť správnou cestou hoci aj prostredníctvom trestu, ak je to potrebné.

Boh nám hovorí o neobmedzenom odpúšťaní v Mt 18, 22, kde je napísané: "Hovorím ti, nie sedem ráz, ale až sedemdesiatkrát sedem."

Ale Boh zároveň hovorí, že pravá láska je niekedy sprevádzaná trestom. V Hebr 12, 6 hovorí: „Pre tých, ktorých Pán miluje, je disciplínou a bičuje každého syna, ktorého prijme." Ak chápeme tento vzťah medzi láskou a spravodlivosťou, budeme tiež chápať to, že spravodlivosť je zdokonalená v láske, a ako pokračujeme v uvažovaní o spravodlivosti, pochopíme, že v spravodlivosti je hlboká láska.

Vyššie rozmery spravodlivosti

Spravodlivosť má v každom nebi iný rozmer. Konkrétne, keď postupujeme do vyšších úrovní nebies, od prvého neba až po druhé, tretie a štvrté nebo, rozmer spravodlivosti sa rozširuje aj prehlbuje. Každé z nebies si udržuje poriadok na základe spravodlivosti dotyčného neba.

Dôvod, prečo v každom nebi existuje rozdiel v rozmeroch spravodlivosti, je to, že rozmer lásky je v každom nebi iný. Lásku a spravodlivosť nemožno oddeliť. Čím hlbší je rozmer lásky, tým hlbší je rozmer spravodlivosti.

Keď čítame Bibliu, môže sa zdať, že spravodlivosť v Starom zákone a spravodlivosť v Novom zákone sú navzájom odlišné. Napríklad, Starý zákon hovorí: „Oko za oko", čo je princíp odplaty, ale v Novom zákone je napísané: „Milujte svojich nepriateľov." Princíp odplaty sa zmenil na princíp odpustenia a lásky. Znamená to teda, že sa zmenila Božia vôľa?

Nie, nie je to tak. Boh je duch a je naveky nemenný, takže Božie srdce a Božia vôľa obsiahnuté v Starom i Novom zákone sú rovnaké. Závisiac od toho, do akej miery ľudia dosiahli lásku, do takej miery bude uplatnená rovnaká spravodlivosť. Kým Ježiš neprišiel na túto zem a nenaplnil zákon s láskou, úroveň lásky, ktorú ľudia mohli pochopiť, bola veľmi nízka.

Keby im bolo povedané, aby milovali aj svojich nepriateľov, čo je veľmi vysoká úroveň spravodlivosti, nedokázali by to. Z tohto dôvodu sa v Starom zákone uplatnila nižšia úroveň zákona spravodlivosti, ktorou bolo „oko za oko", aby sa ustanovil poriadok.

Po tom, čo Ježiš naplnil zákon s láskou tým, že prišiel na túto zem a dal svoj život za nás, hriešnikov, bola pozdvihnutá úroveň spravodlivosti, ktorú Boh požadoval od nás ľudí.

Na príklade Ježiša sme už videli stúpať úroveň lásky od nižšej až po úroveň milovať dokonca aj našich nepriateľov. Princíp odplaty, ktorý hovorí: „oko za oko", sa už viac neuplatňuje. Teraz už od nás Boh vyžaduje rozmer spravodlivosti, v ktorom sa uplatňujú pravidlá odpustenia a milosrdenstva. Samozrejme, to, čo Boh naozaj chcel, dokonca aj v dobe Starého zákona, bolo odpustenie a milosrdenstvo, ale ľudia v tom čase to nedokázali pochopiť.

Ako bolo vysvetlené, rovnako ako existujú rozdiely v láske a spravodlivosti v Starom zákone a v Novom zákone, rozmer spravodlivosti sa v každom nebi líši v závislosti od rozmeru lásky v nich.

Napríklad, pri pohľade na ženu, ktorá bola pristihnutá pri cudzoložstve, ľudia, ktorí konali podľa nižšej úrovne spravodlivosti prvého neba, hovorili, že ju musia ihneď zabiť. Ale Ježiš, ktorý mal najvyššiu úroveň spravodlivosti, ktorá je spravodlivosťou štvrtého neba, jej povedal: „Ani ja ťa neodsudzujem. Choď, a odteraz už viac nehreš." (Jn 8, 11)

Preto, spravodlivosť je v našom srdci a každý človek cíti iný rozmer spravodlivosti podľa toho, do akej miery si naplnil srdce láskou a kultivoval si srdce duchom. Niekedy tí, ktorí majú nižší rozmer spravodlivosti, nedokážu pochopiť spravodlivosť tých, ktorí majú vyšší rozmer spravodlivosti.

Je to preto, že telesní ľudia nedokážu úplne pochopiť to, čo Boh robí. Len tí, ktorí kultivovali svoje srdce láskou a duchovnou mysľou, dokážu presne pochopiť Božiu spravodlivosť a zachovávať ju.

Použitie vyššieho rozmeru spravodlivosti však neznamená, že dôjde k prekonaniu alebo porušeniu spravodlivosti, ktorá je v nižšom rozmere. Ježiš mal spravodlivosť štvrtého neba, ale nikdy neignoroval spravodlivosť tejto zeme. Inými slovami, ukázal spravodlivosť tretieho neba na tejto zemi v medziach pravidiel spravodlivosti tejto zeme. Podobne, nemôžeme porušiť spravodlivosť, ktorá sa uplatňuje v prvom nebi, kým žijeme v tomto prvom nebi. Samozrejme, ako sa rozmer našej lásky prehlbuje, šírka a hĺbka spravodlivosti sa tiež zvyšuje, ale základný rámec je rovnaký. A teda musíme správne pochopiť pravidlá spravodlivosti.

Viera a poslušnosť - základné pravidlá spravodlivosti

Takže, aký je základný rámec a pravidlá spravodlivosti, ktoré musíme pochopiť a nasledovať, aby sme dostali odpovede na naše modlitby? Existuje veľa vecí, vrátane, napríklad, dobroty a pokory. Ale dva základné princípy sú viera a poslušnosť. Odpovede dostávame na základe spravodlivosti, keď veríme Božiemu slovu a zachovávame ho.

Stotník v Mt 8 mal chorého sluhu. Bol stotníkom vládnucej Rímskej ríše, ale bol taký pokorný, že dokázal prísť pred Ježiša. Tiež mal dobré srdce, aby osobne prišiel pred Ježiša v mene jeho chorého sluhu.

Dôvodom, prečo mohol dostať odpoveď, bolo predovšetkým to, že mal vieru. Kým sa rozhodol prísť pred Ježiša, musel o Ježišovi počuť od mnohých ľudí okolo neho. Musel počuť správy o nevidiacich, ktorí začali vidieť, nemých, ktorí začali hovoriť a o mnohých chorých ľuďoch uzdravených Ježišom.

Pri počúvaní týchto správ stotník začal veriť v Ježiša a začal mať vieru, že aj jeho túžba po uzdravení jeho sluhu môže byť splnená, ak pred neho príde.

Keď sa skutočne stretol s Ježišom, vyznal vieru a povedal: „Pane, nie som hoden, aby si vošiel pod moju strechu, ale povedz iba slovo a môj sluha ozdravie" (Mt 8, 8). Mohol povedať, čo povedal, pretože úplne uveril Ježišovi, keď sa o ňom dozvedel.

Na získanie takejto viery musíme najprv konať pokánie z toho, že sme nezachovávali Božie slovo. Ak sme v akejkoľvek veci sklamali Boha, ak sme nedodržali sľub pred Bohom, ak sme nezachovali Pánov deň svätý, alebo ak sme nedávali správne desiatky, musíme konať pokánie zo všetkých týchto vecí.

Takisto musíme oľutovať, že milujeme svet, nemáme pokoj s ľuďmi, ukrývame v sebe rôzne druhy zla, ako sú horkokrvnosť, podráždenosť, frustrácia, zlé pocity, závisť, žiarlivosť, hádka a klamstvo, a podľa nich aj konáme. Keď zničíme tieto múry hriechu a prijmeme modlitbu mocného Božieho služobníka, môžeme získať vieru, aby sme dostali odpovede, a skutočne môžeme dostať odpoveď, ako sme uverili, že ju dostaneme, v súlade s pravidlami spravodlivosti.

Okrem tohto je veľa ďalších vecí, ktoré musíme zachovávať a nasledovať, aby sme dostali odpovede, ako, napríklad, účasť na rôznych bohoslužbách, neprestajne sa modliť a dávať Bohu. A aby sme dokázali úplne poslúchať, musíme úplne zaprieť samých seba.

Konkrétne, musíme odhodiť našu pýchu, aroganciu, vlastnú spravodlivosť a presadzovanie vlastného názoru, všetky naše myšlienky a teórie, pýchu života a túžbu spoliehať sa na svet. Keď sa úplne pokoríme a týmto spôsobom zaprieme samých seba, môžeme dostať odpovede na základe zákona o spravodlivosti, ktorý je napísaný v Lk 17, 33, a ktorý hovorí: „Kto sa bude usilovať zachovať si život, stratí ho, ale kto ho stratí, ten si ho zachová."

Chápať Božiu spravodlivosť a poslúchať ju znamená uznať Boha. Pretože uznávame Boha, môžeme zachovávať pravidlá, ktoré ustanovil. A uznať Boha týmto spôsobom znamená mať vieru a pravá viera je vždy sprevádzaná skutkami poslušnosti.

Ak si pri pohľade do svojho vnútra Božím slovom uvedomíme nejaký hriech, musíte konať pokánie a odvrátiť sa od týchto ciest. Dúfam, že budete úplne veriť Bohu a spoliehať sa na neho. Dúfam, že týmto spôsobom si postupne uvedomíte pravidlá Božej spravodlivosti a budete ich zachovávať, aby ste dostali odpovede a požehnanie od Boha, ktorý nás necháva žať to, čo sme zasiali, a ktorý nám odpláca podľa našich skutkov.

Princezná Jane Mpologomová (Londýn, Spojené kráľovstvo)

Z druhého konca sveta

Žijem v Birminghame. Je to veľmi pekné miesto. Som dcérou prvého prezidenta kráľovstva Buganda a v Spojenom kráľovstve som sa vydala za nežného, milého muža, s ktorým mám tri dcéry.

Mnohí ľudia by chceli žiť takýto bohatý život, ale ja som nebola veľmi šťastná. V duši som vždy cítila smäd, ktorý som nedokázala ničím uhasiť. Dlhú dobu som trpela chronickou gastrointestinálnou poruchou, ktorá mi spôsobovala veľa bolesti. Nemohla som jesť ani dobre spať.

Navyše som trpela aj inými ochoreniami, vrátane vysokej hladiny cholesterolu, poruchami srdca a nízkeho krvného tlaku. Lekári ma varovali, že môžem mať srdcový záchvat alebo mŕtvicu.

Ale v auguste 2005 som v mojom živote zažila zlom. Náhodne som sa stretla s jedným z pomocných pastorov Manmínskej centrálnej cirkvi, ktorý navštívil Londýn. Dostala som od neho knihy a audionahrávky kázní, ktoré sa ma veľmi dotkli.

S manželom Dávidom

Boli založené na Biblii, ale takéto hlboké a inšpiratívne posolstvá som nikde inde nepočula. Moja smädná duša bola naplnená a moje duchovné oči boli otvorené, aby som pochopila Slovo.

Nakoniec som navštívila Južnú Kóreu. V momente, keď som vstúpila do Manminskej centrálnej cirkvi, celé moje telo bolo naplnené pokojom. Dostal som modlitbu od reverenda Jaerocka Leeho. Iba potom, čo som sa vrátila do Veľkej Británie, som si uvedomila Božiu lásku. Výsledky endoskopie odobrané 21. októbra boli normálne. Hladina cholesterolu bola normálna a krvný tlak bol tiež normálny. Bola to moc modlitby!

Táto skúsenosť mi pomohla mať väčšiu vieru. Mala som problémy so srdcom a napísala som reverendovi Jaerockovi Leemu, aby sa za mňa modlil. Modlil sa za mňa 11. novembra počas jednej z piatkových bohoslužieb v Manmínskej cirkvi. Jeho modlitbu som dostala cez internet z druhého konca sveta.

Modlil sa: „V mene Ježiša Krista prikazujem, aby srdcové problémy zmizli. Boh Otec, uzdrav ju!"

V okamihu, keď som počula modlitbu, cítila som mocné dielo Ducha Svätého. Ak by ma môj manžel nebol držal, v dôsledku mocnej sily by som spadla na zem. Po 30 sekundách som nadobudla vedomie.

16. novembra mi robili angiografiu. Navrhol to môj lekár, pretože som mala problémy v jednej z tepien srdca. Bolo to vykonané malou kamerou upevnenou na malej trubici. A výsledok bol skutočne

úžasný.

Lekár povedal: „V tejto miestnosti som už niekoľko rokov nevidel také zdravé srdce."

Keď som počula slová lekára, celým mojím telom prebehol mráz, pretože som cítila Božie ruky. Odvtedy som sa rozhodla žiť iný život. Chcela som osloviť tínedžerov, opustených a všetkých, ktorí potrebujú evanjelium.

A Boh splnil tento môj sen. S manželom sme ako misionári založili Manminskú cirkev v Londýne a hlásame živého Boha.

- Výťažok z diela Extraordinary Things -

Kapitola 5 Poslušnosť

> Zachovávanie Božieho slova s „áno" a „amen"
> je skratka k zažívaniu Božích diel.

Úplná poslušnosť Ježiša

Ježiš zachovával spravodlivosť prvého neba

Ľudia, ktorí zažívajú Božie skutky prostredníctvom poslušnosti

Poslušnosť je dôkazom viery

Manminská centrálna cirkev prevzala vedenie vo svetovej evanjelizácii poslušnosti

*„A podľa vonkajšieho zjavu bol pokladaný za človeka,
ponížil sa a stal sa poslušným až na smrť, a to smrť na kríži."*

(Flp 2, 8)

Biblia poukazuje na mnohé prípady, kedy boli úplne nemožné veci umožnené všemohúcim Bohom. Došlo aj k takým zázračným divom ako zastavenie slnka a mesiaca a rozdelenie mora, a ľudia tak mohli prejsť na druhú stranu po suchej zemi. Takéto veci sa nemôžu stať nasledovaním spravodlivosti prvého neba, ale sú možné na základe spravodlivosti tretieho alebo vyššieho neba.

Aby sme mohli zažiť takéto Božie diela, musíme splniť určité podmienky. Existuje niekoľko podmienok, ktoré musia byť splnené a spomedzi nich je veľmi dôležitá poslušnosť. Zachovávanie Slova všemohúceho Boha s „áno" a „amen", je skratkou k zažívaniu Božích skutkov.

1 Sam 15, 22 hovorí: „Samuel však povedal: „Vari si Pán obľúbil viac spaľované obety a obety s hostinou ako poslušnosť vlastnému slovu? Poslušnosť je lepšia než obeta, poddajnosť lepšia než tuk baranov.""

Úplná poslušnosť Ježiša

Ježiš poslúchal Božiu vôľu až na smrť ukrižovaním, aby zachránil ľudstvo, ktoré bolo hriešne. Skrze túto poslušnosť Ježiša môžeme byť vierou spasení. Aby sme pochopili, ako môžeme byť spasení našou vierou v Ježiša, musíme najskôr pochopiť, prečo začalo ľudstvo kráčať cestou smrti.

Predtým, ako sa Adam stal hriešnikom, mohol sa tešiť z večného života v raji Edenu. Ale pretože zhrešil jedením zo stromu, čo Boh zakázal, podľa duchovného zákona, ktorý hovorí, že „mzdou hriechu je smrť" (Rim 6,23), musel zomrieť a ísť do pekla.

Ale pretože Boh vedel, že Adam ho neposlúchne, ešte pred

vekmi pripravil Ježiša Krista. Bolo to na otvorenie cesty spásy v hraniciach Božej spravodlivosti. Ježiš, ktorý bol Slovom, ktoré sa stalo telom, narodil sa na tejto zemi v ľudskom tele.

Pretože Boh dal proroctvá o Spasiteľovi, Mesiášovi, aj nepriateľ diabol a satan vedeli o Spasiteľovi. Diabol neustále hľadal šancu zabiť Spasiteľa. Keď traja mudrci povedali, že sa Ježiš narodil, diabol podnietil kráľa Herodesa, aby nechal vyvraždiť všetkých chlapcov mladších ako dva roky.

Navyše, diabol podnietil zlých ľudí, aby Ježiša ukrižovali. Diabol si myslel, že ak zabije Ježiša, ktorý zostúpil na zem, aby sa stal Spasiteľom, viedol by všetkých hriešnikov do pekla a všetkých by mal navždy pod jeho nadvládou.

Keďže Ježiš nemal prvotný hriech ani nespáchal žiadne vlastné hriechy, nepodliehal smrti podľa zákona spravodlivosti, ktorý hovorí, že mzdou hriechu je smrť. Napriek tomu, diabol v skutočnosti viedol Ježišovo zabitie, a tým porušil zákon spravodlivosti.

Výsledkom bolo to, že bezhriešny Ježiš zvíťazil nad smrťou a vstal z mŕtvych. A teraz každý, kto verí v Ježiša Krista, môže byť spasený a získať večný život. Spočiatku boli Adam a jeho potomkovia podľa zákona o spravodlivosti, ktorý hovorí, že mzdou hriechu je smrť, odsúdení ísť cestou smrti, ale neskôr sa skrze Ježiša Krista otvorila cesta spásy. Toto je „tajomstvo ukryté už pred začiatkom vekov" v 1 Kor 2, 7.

Ježiš si nikdy nepomyslel: „Prečo mám byť zabitý pre hriešnikov, aj keď som bez hriechu?" Ochotne vzal na seba kríž, aby bol podľa Božej prozreteľnosti ukrižovaný. Cestu našej spásy otvorila dokonalá a úplná poslušnosť Ježiša.

Ježiš zachovával spravodlivosť prvého neba

Počas celého života na tejto zemi Ježiš dôsledne dodržiaval Božiu vôľu a žil podľa zákona spravodlivosti prvého neba. Hoci bol v samotnej podstate Boh, vzal na seba ľudské telo, a ako človek zažil hlad, únavu, bolesť, smútok a osamelosť.

Predtým, ako začal jeho verejnú službu, 40 dní sa postil. A hoci je Pánom všetkého, horlivo volal v modlitbe a neustále sa modlil. Diabol ho na konci jeho 40-dňového pôstu trikrát pokúšal a On odohnal diabla Božím slovom bez toho, aby bol v pokušení alebo sa vôbec zakolísal.

Aj Ježiš má Božiu moc, preto mohol uskutočniť akýkoľvek zázrak a úžasné diela. A napriek tomu také zázraky uskutočňoval iba vtedy, keď boli potrebné podľa Božej prozreteľnosti. Ukázal moc Božieho Syna takými udalosťami, ako je premenenie vody na víno a nakŕmenie 5 000 mužov piatimi chlebmi a dvoma rybami.

Ak by chcel, mohol zničiť tých, ktorí sa mu posmievali a ukrižovali ho. Ale On v tichosti prijal prenasledovanie a pohŕdanie a v poslušnosti bol ukrižovaný. Všetko utrpenie a bolesť cítil ako hociktorý človek a vylial všetku jeho krv a vodu.

Hebr 5, 8 – 9: „A hoci bol Synom, vo svojom utrpení sa naučil poslušnosti, a keď dosiahol dokonalosť, stal sa pôvodcom večnej spásy pre všetkých, čo ho poslúchajú."

Pretože Ježiš naplnil zákon spravodlivosti prostredníctvom jeho úplnej poslušnosti, každý, kto prijíma Pána Ježiša a žije v pravde, môže sa stať služobníkom spravodlivosti a dosiahnuť spásu bez toho, aby musel ísť cestou smrti ako služobník hriechu (Rim 6, 16).

Ľudia, ktorí zažívajú Božie skutky prostredníctvom poslušnosti

Hoci je Ježiš Boží Syn, Ježiš naplnil Božiu prozreteľnosť, pretože úplne poslúchol. Potom, o koľko viac by sme mali my, ktorí sme len obyčajnými stvoreniami, úplne poslúchať, aby sme zažili Božie diela? Je na to potrebná úplná poslušnosť.

V Jn 2 Ježiš uskutočnil zázrak premenenia vody na víno. Keď sa na svadbe minulo víno, Panna Mária osobitne poučila sluhov, aby urobili všetko, čo im Ježiš povie urobiť. Ježiš sluhom povedal, aby „naplnili nádoby na vodu, a potom z nich načreli a zaniesli ich starejšiemu svadby". Keď starejší ochutnal vodu, voda už bola premenená na dobré víno.

Ak by služobníci neposlúchli Ježiša, keď im povedal, aby zaniesli vodu starejšiemu, nemohli by zažiť zázrak premenenia vody na víno. Panna Mária veľmi dobre poznala zákon o poslušnosti a spravodlivosti, preto žiadala, aby ho sluhovia určite poslúchli.

Môžeme sa tiež pozrieť na poslušnosť Petra. Peter celú noc nič nechytil. Ale keď Ježiš prikázal: „Zatiahni na hlbinu a spustite siete na lov." Šimon mu odpovedal: „Učiteľ, celú noc sme sa namáhali a nič sme nechytili, ale na tvoje slovo spustím siete." Potom chytili veľké množstvo rýb a ich siete sa začali trhať (Lk 5, 4 - 6).

Pretože Ježiš, ktorý bol jedno s Bohom Stvoriteľom, hovoril pôvodným hlasom, veľké množstvo rýb okamžite poslúchlo jeho príkaz a vplávali do siete. Ale čo by sa stalo, keby Peter neposlúchol Ježišov príkaz? Ak by povedal: „Pane, viem o chytaní rýb viac ako ty. Celú noc sme chytali ryby, a teraz sme už veľmi unavení. Na dnes sme skončili. Bude určite únavné vrátiť sa na hlbinu a spustiť sieť", potom by sa žiadny zázrak neuskutočnil.

Aj vdova zo Sarepty v 1 Kr 17 zažila Božie dielo prostredníctvom jej poslušnosti. Po dlhom období sucha sa zásoby jej jedla minuli a zostalo jej len za hrsť múky a trochu oleja. Jedného dňa k nej prišiel Eliáš, požiadal ju o jedlo a povedal: „Lebo takto vraví Pán, Boh Izraela: Múky v hrnci neubudne ani nádoba s olejom sa nevyprázdni, kým Pán nezošle na zem dážď." (1 Kr 17, 14)

Po poslednom jedle by vdova a jej syn už len čakali na deň, kedy zomrú. Avšak, ona uverila a poslúchla Božie slovo, ktoré jej dal Eliáš. Všetko jedlo dala Eliášovi. A Boh, tak ako prisľúbil, pre poslušnú ženu vykonal zázrak. Z misky múky neubudlo a nádoba s olejom sa nevyprázdnila, kým sa sucho neskončilo. Vdova, jej syn a Eliáš boli zachránení.

Poslušnosť je dôkazom viery

Mk 9, 23 hovorí: „Ježiš mu odpovedal: „Ak môžeš?! Pre toho, kto verí, je všetko možné.""

Toto je zákon spravodlivosti, ktorý hovorí, že ak veríme, potom môžeme zažiť diela všemohúceho Boha. Ak sa modlíme s vierou, choroby odídu, a ak budeme volať s vierou, démoni budú vychádzať a všetky druhy ťažkostí a skúšok pominú. Ak sa modlíme s vierou, môžeme získať finančné požehnanie. S vierou je všetko možné!

O tom, že máme vieru, aby sme dostali odpovede podľa zákona spravodlivosti, svedčí skutok poslušnosti. Jak 2, 22 hovorí: „Vidíš, že viera spolupôsobila s jeho skutkami, a že zo skutkov sa viera stala dokonalou?" Jak 2, 26 hovorí: „Veď ako je telo mŕtve bez ducha, tak je i viera mŕtva bez skutkov."

Eliáš požiadal vdovu v Sarepte, aby mu priniesla jej posledné jedlo. Keby povedala: „Verím, že si Boží človek a verím, že Boh ma požehná a moje jedlo sa nikdy neminie", ale neposlúchla by, potom by nezažila žiadne Božie dielo. Je to preto, že jej skutky by neponúkli dôkaz jej viery.

Vdova však uverila Eliášovým slovám. Ako dôkaz jej viery poslúchla jeho slová a priniesla mu jej posledné jedlo. Tento skutok poslušnosti svedčil o jej viere a uskutočnil sa zázrak podľa zákona spravodlivosti, ktorý hovorí, že všetko je možné pre toho, kto verí.

Naša viera a poslušnosť sú veľmi dôležité na to, aby sme dostali od Boha videnia a sny. Patriarchovia, ako Abrahám, Jakub a Jozef, uchovávali Božie slovo v ich mysliach a poslúchali.

Keď bol Jozef mladý, Boh mu dal sen, že sa stane uznávaným človekom. Jozef nielen veril tomuto snu, ale stále si ho pamätal a nezmenil svoj názor, kým sa jeho sen nesplnil. Za každých okolností vzhliadal k Božiemu dielu a nasledoval Božie vedenie.

Aj keď bol 13 rokov otrokom a väzňom, nepochyboval o sne, ktorý mu Boh dal, aj keď realita bola opakom jeho sna. Poslúchajúc Božie prikázania iba kráčal správnou cestou. Boh videl jeho vieru a poslušnosť a splnil jeho sen. Všetky skúšky sa skončili a vo veku 30 rokov sa stal druhým najmocnejším mužom v celom Egypte, hneď po faraónovi, kráľovi.

Manminská centralna cirkev prevzala vedenie vo svetovej evanjelizácii poslušnosti

Dnes má Manminská centrálna cirkev viac ako desaťtisíc pobočiek/filiálok po celom svete a prostredníctvom internetových služieb, satelitnej televízie a iných médií ohlasuje evanjelium v každom kúte sveta. Cirkev už od založenia prejavuje skutky poslušnosti nasledovaním zákona o spravodlivosti.

Od chvíle, keď som sa stretol s Bohom, všetky moje choroby boli uzdravené a mojím snom bolo stať sa spravodlivým starším v očiach Boha, ktorý by oslávil Boha a pomohol mnohým chudobným ľuďom. Ale jedného dňa ma Boh povolal za svojho služobníka a povedal: „Už pred vekmi som si ťa vyvolil za svojho služobníka." A povedal, že ak sa na tri roky oblečiem do Božieho slova, prejdem cez oceány, rieky a hory a budem uskutočňovať zázračné znamenia, kamkoľvek pôjdem.

V skutočnosti som bol stále relatívne novým veriacim. Bol som introvertný a slabý v rozprávaní pred davom. Ale bez výhovoriek som poslúchol a stal sa Božím služobníkom. Urobil som všetko pre to, aby som kráčal podľa Božieho slova, ktoré je v 66 knihách Biblie, a modlil som sa a postil vo vedení Duchom Svätým. Poslúchol som presne tak, ako Boh prikázal.

Keď som mal veľké misie v zahraničí, neplánoval som ich ani som sa na ne nepripravoval vlastným spôsobom, len som nasledoval Boží príkaz. Išiel som tam, kde mi Boh prikázal ísť. Príprava veľkých misií zvyčajne trvá niekoľko rokov, ale keď Boh prikázal, pripravili sme ich len v priebehu niekoľkých mesiacov.

Hoci sme nemali dosť peňazí na tieto veľké misie, keď sme sa modlili, Boh sa zakaždým o financie postaral. Niekedy mi prikázal ísť do takých krajín, kde bolo hlásanie evanjelia nemožné.

V roku 2002, počas prípravy na misiu v Chennai v Indii, vláda Tamil Nadu vydala nové nariadenie o zákaze násilných prechodoch na inú vieru. Nariadenie regulovalo, že žiadna osoba by nemala prejsť na inú vieru alebo pokúšať sa niekoho prinútiť prejsť z jedného náboženstva na iné použitím sily, nejakého lákadla alebo akýmkoľvek podvodným spôsobom. Neuposlúchnutie znamenalo trest odňatia slobody až na päť rokov a pokutu, ak je dotyčným človekom „maloletý človek, žena alebo osoba patriaca k menejcennej kaste alebo menejcennému kmeňu". Pokuta Rs.1 lakh je 100 000 rupií, čo je dvojmesačná mzda.

Naša misia na pláži Marina Beach bola zameraná nielen na indických kresťanov, ale aj na mnohých hinduistov, ktorí tvoria viac ako 80% celej populácie.

Nariadenie o zákaze násilného prechodu na vieru malo platiť od prvého dňa našej misie. A tak, pri ohlasovaní evanjelia z javiska misie som musel byť pripravený na väzenie. Niektorí ľudia mi povedali, že príde tamojšia polícia a bude sledovať našu misiu, aby zaznamenali moje kázanie.

V tejto hrozivej situácii indickí ministri a organizačný výbor cítili napätie a tlak. Ale nabral som odvahu a poslúchol Boha, pretože Boh mi to prikázal. Nemal som strach z toho, že by som mohol byť zatknutý alebo ísť do väzenia, a odvážne som hlásal Boha Stvoriteľa a Spasiteľa Ježiša Krista.

Potom Boh vykonal úžasné diela. Počas kázania som hovoril: „Ak máte v srdci vieru, postavte sa a choďte." Vtedy jeden chlapec vstal a začal chodiť. Tento chlapec mal pred touto misiou operáciou odstránenú časť panvy a bedrového kĺbu a obe časti boli spojené kovovou doskou. Po zákroku trpel hroznou bolesťou a bez barlí nemohol urobiť ani jeden krok. Ale keď som prikázal: „Vstaň a choď," okamžite odhodil barly a začal chodiť.

V ten deň sa okrem tohto zázraku uzdravenia dospievajúceho chlapca uskutočnilo množstvo iných úžasných diel Božej moci. Nevidiaci začali vidieť, hluchí počuť a nemí hovoriť. Ľudia sa postavili zo svojich invalidných vozíkov a odhadzovali barly. Správy sa rýchlo rozšírili aj do mesta a na ďalší deň sa zhromaždilo omnoho viac ľudí.

Celkovo sa misie zúčastnili tri milióny ľudí a prekvapujúcejšie bolo to, že viac ako 60% návštevníkov boli hinduisti. Na čele mali hinduistické označenie. Potom, čo počuli posolstvo a boli svedkami mocných Božích diel, označenie si z čela zmazali a rozhodli sa stať kresťanmi.

Misia spôsobila spojenie miestnych kresťanov, a nakoniec bolo zrušené nariadenie proti násilným prechodom viery. Takéto úžasné dielo bolo vykonané prostredníctvom poslušnosti voči Božiemu slovu. Čo konkrétne musíme zachovávať, aby sme zažili tieto úžasné Božie diela?

Po prvé, musíme zachovávať 66 kníh Biblie

Božie slovo by sme nemali poslúchať iba vtedy, keď sa pred nami zjaví Boh a prikáže nám ho poslúchať. Slová, ktoré sú napísané v 66 knihách Biblie, musíme zachovávať neustále. Mali by sme pochopiť Božiu vôľu a skrze Bibliu ju zachovávať, a potom môžeme dodržiavať posolstvá, ktoré sú hlásané v kostole. Konkrétne to znamená, že slová, ktoré nám hovoria, niečo robiť, nerobiť, dodržiavať alebo odhodiť, sú zákonmi Božej spravodlivosti, a preto by sme ich mali dodržiavať.

Napríklad, počujete, že musíte konať pokánie zo svojich hriechov so slzami v očiach. Je to zákon, ktorý hovorí, že odpoveď od Boha môžeme dostať až potom, keď zbúrame múr, ktorý stojí medzi Bohom a nami (Iz 59, 1 - 2). Tiež počujete, že v modlitbe musíte volať. Je to spôsob modlitby, ktorá privoláva odpovede na základe zákona, ktorý hovorí, že jeme plody nášho potu a námahy (Lk 22, 44).

Aby sme sa stretli s Bohom a dostali od neho odpovede, musíme najprv konať pokánie z našich hriechov, volať v modlitbe a prosiť Boha o to, čo potrebujeme. Ak niekto zničí múr hriechu, modlí sa zo všetkých síl a ukáže skutky viery, môže sa stretnúť s Bohom a dostať odpoveď. Toto je zákon spravodlivosti.

Po druhé, musíme uveriť slovám Božích služobníkov, s ktorými je Boh, a poslúchnuť

Hneď po otvorení cirkvi bol do kostola na nosítkach prinesený pacient s rakovinou, aby sa zúčastnil bohoslužby. Povedal som mu, aby si sadol, a tak sa zúčastnil služby. Jeho manželka ho zo zadu pridržiavala a počas bohoslužby mohol ledva sedieť. Nevedel som, azda, že bolo pre neho také ťažké sedieť, pretože bol veľmi chorý a musel byť nosený na nosítkach? Ale vnuknutím Ducha Svätého som mu dal radu a on poslúchol.

Keď Boh uvidel jeho poslušnosť, ihneď mu udelil božské uzdravenie. Konkrétne, všetky jeho bolesti pominuli a mohol sa postaviť a sám chodiť.

Rovnako ako vdova zo Sarepty poslúchla Eliášovo slovo tým, že uverila Božiemu človeku, poslušnosť človeka sa stala cestou k Božej odpovedi. Vlastnou vierou nemohol byť uzdravený. Ale zažil uzdravujúcu moc Boha, pretože poslúchol slovo Božieho človeka, ktorý vykonával Božiu moc.

Po tretie, musíme poslúchať diela Ducha Svätého.

Keď sa modlíme a počúvame kázne, mali by sme okamžite nasledovať hlas Ducha Svätého, aby sme mohli dostať odpovede od Boha. Je to preto, že Duch Svätý, ktorý v nás prebýva, vedie nás podľa zákona spravodlivosti na cestu požehnania a odpovedí.

Napríklad, ak počas kázne na vás Duch Svätý nalieha, aby ste sa po službe ešte trochu modlili, mali by ste poslúchnuť. Ak poslúchnete, budete mať možnosť konať pokánie z vašich hriechov, ktoré už neboli dlho odpustené alebo v Božej milosti dostať dar jazyka. Niekedy niektoré požehnania prichádzajú už počas vašej modlitby.

Keď som bol novým veriacim, musel som ťažko pracovať na stavbách, aby som sa dokázal postarať o rodinu. Domov som chodil peši, aby som ušetril za autobusový lístok, a bol som veľmi unavený. Ale keď mojím srdcom pohol Duch Svätý, aby som daroval určitú sumu z peňazí kostolu alebo ako vďakyvzdanie, iba som poslúchol.

Dával som bez použitia vlastných myšlienok. Keď som nemal žiadne peniaze, dal som Bohu sľub, že mu to do určitého dátumu dám. A všetkými silami som do určeného dátumu peniaze nazbieral a dal Bohu. Ako som poslúchol, Boh ma stále viac a viac požehnával všetkým, čo mal pre mňa pripravené.

Boh vidí našu poslušnosť a otvára dvere odpovedí a požehnania. Mne osobne dal rôzne odpovede, veľké a malé, na všetko, o čo som prosil, a neboli to len finančné veci. Dal mi všetko, o čo som ho prosil, ak som ho s vierou poslúchol.

2 Kor 1, 19 – 20 hovorí: „Totiž Boží Syn Ježiš Kristus, ktorého sme vám hlásali my — ja, Silván a Timotej — nebol „áno" aj „nie", ale v ňom sa uskutočnilo „áno". Lebo všetky Božie prisľúbenia, koľkokoľvek ich je, v ňom sú „áno"; a preto prostredníctvom neho znie aj „amen", Bohu na slávu skrze nás."

Aby sme mohli zažívať Božie diela podľa zákona spravodlivosti, musíme ukázať skutky viery prostredníctvom našej poslušnosti. Rovnako ako Ježiš sa stal príkladom, ak budeme poslúchať bez ohľadu na naše okolnosti alebo podmienky, potom sa pred nami uskutočnia Božie diela. Dúfam, že budete všetci poslúchať Božie slovo iba s „áno" a „amen" a vo vašom každodennom živote zažijete Božie diela.

Dr. Paul Ravindran Ponraj (Chennai, India)
- Vedúci sekundárny lekár, kardiotorakálna chirurgia v nemocnici
Southampton General Hospital, Spojené kráľovstvo
- Registrátor Kardiotorakálnej chirurgie v nemocnici St. Georges, Londýn, Spojené kráľovstvo
- Vedúci registrátor Kardiotorakálnej chirurgie, nemocnica HAREFIELD,
Middlesex, Spojené kráľovstvo
- Kardiotorakálny chirurg, nemocnica Willingdon, Chennai

Božia moc presahuje medicínu

Na mnohých chorých prikladám vreckovku s pomazaním a videl som, ako sa zotavili. Keď som v operačnej sále, kde operujem, vreckovku mám neustále vo vrecku na košeli. Chcel by som spomenúť zázrak, ktorý sa uskutočnil v roku 2005.
Prišiel za mnou mladý muž vo veku 42 rokov; stavebný dodávateľ z jedného mesta v štáte Tamil Nadu, s ochorením koronárnych artérií a musel sa podrobiť chirurgii bypassu koronárnej artérie. Pripravil som ho na operáciu a začal som ho operovať. Bola to veľmi jednoduchá, priamočiara operácia 2 koronárnych bypassov (bez prístroja), ktorá bola vykonaná s nezastaveným srdcom. Operácia sa skončila asi za dve a pol hodiny.
Keď bol jeho hrudník zatvorený, jeho stav bol zrazu nestabilný s abnormálnym EKG a poklesom krvného tlaku. Opäť som otvoril jeho hrudník a zistil som, že bypassy boli dokonalé. Bol prevezený do laboratória katetrizácie na kontrolu angiogramu. Zistilo sa, že všetky

jeho krvné cievy v srdci a veľké krvné cievy v jeho nohe sa v dôsledku pozastaveného krvného obehu dostali do kŕčov. Dôvod toho dodnes nepoznáme.

Pre tohto mladého muža nebola žiadna nádej. Bol prevezený na operačnú sálu na vonkajšiu masáž srdca, jeho hrudník bol opäť otvorený a srdce bolo priamo masírované viac ako 20 minút. Bol pripojený na srdcovopľúcny prístroj.

Na uvoľnenie kŕča dostal množstvo vazodilatančných liekov, ale nepomohlo to. Na prístroji bol udržiavaný krvný tlak 25 až 30 mmHg viac ako 7 hodín a vedel som, že zásobovanie jeho mozgu krvou a kyslíkom pri tomto tlaku bolo neadekvátne.

Po 18 hodinách boja a 7 hodinách srdca napojeného na prístroj bez pozitívnej odpovede sme sa rozhodli zatvoriť jeho hrudník a vyhlásiť pacienta za mŕtveho. Padol som na kolená a modlil som sa. Povedal som: „Bože, ak je toto to, čo chceš, nech sa tak stane." Operáciu som začal modlitbou a celý čas som mal vo vrecku pomazanú vreckovku, ktorú mi dal Dr. Jaerock Lee, a spomenul som si na to, čo je napísané v Sk 19, 12. Vstal som od modlitby a vošiel do operačnej miestnosti vo chvíli, keď bol hrudník zatváraný predtým, ako bude pacient vyhlásený za mŕtveho.

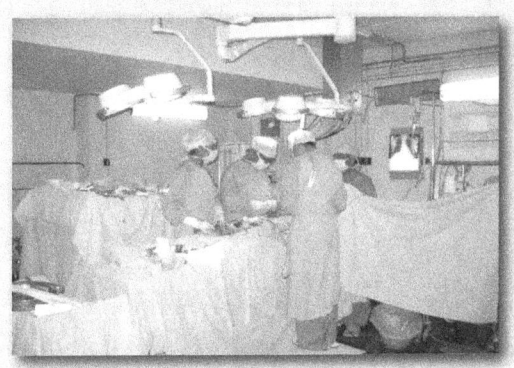
Dr Paul Ponraj vykonáva chirurgický zákrok (centrum)

Nastala náhla zmena a stav pacienta sa úplne znormalizoval. EKG sa úplne znormalizovalo. Celý tím bol v šoku a jeden člen tímu, neveriaci človek, mi povedal: „Boh, v ktorého veríš, si ťa uctil." Áno, je pravda, že keď kráčate vo viere, ste uprostred zázraku a na konci nešťastia. Tento mladý muž odišiel z nemocnice bez neurologického postihnutia a iba s malým opuchom na pravej nohe. Neskôr v modlitebnej miestnosti svedčil, že bude pracovať pre Boha ako poďakovanie za to, že dostal druhý život.

- Výťažok z diela Extraordinary Things -

Kapitola 6 — Viera

> Ak máme plnú istotu viery,
> môžeme privolať Božiu moc,
> dokonca aj tvárou v tvár zdanlivo nemožným situáciam.

Úprimné srdce a plná istota viery

Vzťah medzi vierou a úprimnosťou

Proste v plnej istote viery

Abrahám s úprimným srdcom v plnej istote viery

Kultivovať úprimné srdce a plnú istotu viery

Skúšky viery

Misia do Pakistanu

*„ ...pristúpme s úprimným srdcom v plnej istote viery,
so srdcom očisteným od zlého svedomia
a s telom obmytým čistou vodou."*

―――――――――――

(Hebr 10, 22)

Ľudia dostávajú odpovede od Boha v rôznych mierach. Niektorí dostanú odpoveď len tým, že sa za niečo raz pomodlia alebo len tým, že si to želajú vo svojom srdci, zatiaľ čo iní musia ponúknuť mnoho dní modlitieb a pôstu. Niektorí ľudia vykonávajú znamenia, ovládajú moc temnoty a uzdravujú chorých prostredníctvom modlitby viery (Mk 16, 17-18). Naopak, niektorí ľudia hovoria, že sa modlia s vierou, ale skrze ich modlitby sa neuskutočňujú žiadne znamenia ani zázraky.

Ak niekto trpí chorobou, aj keď verí v Boha a modlí sa, musí sa zamyslieť nad svojou vierou. Slová v Biblii sú pravda, ktorá sa nikdy nezmení, a teda ak má niekto vieru, ktorú môže Boh uznať, môže dostať všetko, o čo prosí. Ježiš nám sľúbil v Mt 21, 22: „A dostanete všetko, o čo budete v modlitbe s vierou prosiť." A čo je dôvodom toho, že ľudia dostávajú odpovede od Boha v rôznej miere?

Úprimné srdce a plná istota viery

Hebr 10, 22 hovorí: „...pristúpme s úprimným srdcom v plnej istote viery, so srdcom očisteným od zlého svedomia a s telom obmytým čistou vodou." Úprimné srdce tu znamená pravé srdce, v ktorom niet žiadnych neprávostí. Je to srdce, ktoré sa podobá srdcu Ježiša Krista.

Jednoducho povedané, plná istota viery je dokonalá viera. Znamená to veriť všetkým slovám v 66 knihách Biblie bez akýchkoľvek pochybností a zachovávať všetky Božie prikázania. Ak máme úprimné srdce, môžeme mať dokonalú vieru. Vyznanie tých, ktorí dosiahli pravé srdce, je skutočné vyznanie viery. Boh rýchlo odpovedá na modlitby týchto ľudí.

Mnoho ľudí vyznáva ich vieru pred Bohom, ale úprimnosť ich vyznaní je úplne iná. Sú ľudia, ktorých vyznanie viery je 100 % pravdivé, pretože ich srdce je 100 % úprimné, zatiaľ čo sú niektorí ďalší, ktorých vynanie viery je pravdivé len na 50 %, pretože ich srdce je úprimné len na 50 %. Ak je vaše srdce úprimné len na 50 %, Boh povie: „Veríte mi len na polovicu." Úprimnosť, ktorú obsahuje vyznanie viery, je mierou viery, ktorú Boh uznáva.

Vzťah medzi vierou a úprimnosťou

V našich vzťahoch s ostatnými ľuďmi hovoríme, že veríme druhej osobe a skutočný rozsah, v ktorom tejto osobe veríme, môže byť celkom iný. Napríklad, čo hovoria matky, keď idú vonku a nechávajú ich malé deti doma samotné? Mohli by povedať: „Správajte sa dobre a nevychádzajte z domu. Deti, verím vám." Skutočne verí matka svojim deťom?

Ak matka skutočne verí jej dieťaťu, nemusí povedať: „Verím ti." Môže iba povedať: „Vrátim sa vtedy a vtedy." Ale povie o niečo viac, keď jej dieťa nie je dôveryhodné. Mohla by dodať: „Práve som upratala, tak tu neurob neporiadok. Nedotýkaj sa mojej kozmetiky a nezapínaj plynový sporák." Spomína všetko, čoho sa obáva, a predtým, ako odíde, dieťaťu povie: „Verím ti, tak ma počúvaj ..."

Ak by bola výška dôvery ešte nižšia, aj keď dieťaťu povie, čo má robiť, môže domov zavolať, aby zistila, čo robí jej dieťa.

Pýta sa: „Čo teraz robíš? Je všetko v poriadku?" A snaží sa zistiť, čo robí jej dieťa. Povedala, že verí dieťaťu, ale v srdci mu úplne neverí. Miera viery rodičov k ich deťom je úplne iná.

Niektorým deťom môžete dôverovať viac ako iným deťom podľa toho, aké sú úprimné a dôveryhodné. Ak stále poslúchajú svojich rodičov, rodičia im môžu veriť na 100 %. Keď títo rodičia hovoria: „Verím ti," je to skutočne pravda.

Proste v plnej istote viery

Ak dieťa, ktorému rodičia veria na 100 %, o niečo prosí, rodičia dieťaťu dajú to, čo chce. Nemusia sa ho pýtať: „Čo s tým budeš robiť?" „Naozaj to teraz potrebuješ?", a tak ďalej. Môžu mu v plnej dôvere dať všetko, čo chce, mysliac si: „Prosí o to, pretože je to určite potrebné. Nezničí to."

Ale ak rodičia nemajú plnú mieru dôvery, prosbu splnia iba vtedy, keď sa dozvedia pravý dôvod prosby dieťaťa. Čím menej dôvery majú, tým menej veria tomu, čo ich dieťa hovorí, a váhajú dať dieťaťu to, o čo prosí. Ak dieťa neprestáva prosiť, rodičia mu to niekedy dajú nie preto, lebo mu veria, ale len preto, že ich dieťa o to veľmi prosí.

Tento princíp funguje rovnako medzi Bohom a nami. Máte úprimné srdce, aby Boh mohol na 100 % potvrdiť vašu vieru a povedal: „Syn môj, dcéra moja, veríš mi v plnej istote?"

Nemali by sme byť tými, ktorí dostávajú od Boha len preto, že o to deň a noc prosíme. Mali by sme byť schopní dostať čokoľvek, o čo prosíme neustálym kráčaním v pravde, nemajúc v sebe nič, za čo by sme mohli byť odsúdení (1 Jn 3, 21 - 22).

Abrahám s úprimným srdcom v plnej istote viery

Dôvodom, prečo sa Abrahám mohol stať otcom viery, je to, že mal pravé srdce a plnú istotu viery. Abrahám uveril v Božie prisľúbenie a v žiadnej situácii nikdy nepochyboval. Keď mal Abrahám 75 rokov, Boh mu prisľúbil, že z neho vzíde veľký národ. Ale odvtedy už uplynulo viac ako 20 rokov a nemal žiadneho potomka. Keď mal 99 rokov a jeho žena Sára mala 89 rokov, keď už boli príliš starí na to, aby mali dieťa, Boh povedal, že do roka budú mať syna. Rim 4, 19 - 22 opisuje túto situáciu.

Hovorí: „Mal skoro sto rokov a videl svoje odumreté telo i odumreté materinské lono Sáry, no predsa neoslabol vo viere. Nezapochyboval v neviere o Božom zasľúbení, ale naopak, stal sa silným vo viere a tak vzdal slávu Bohu. Bol pevne presvedčený, že ten, ktorý dal sľub, môže ho aj splniť. Preto mu to bolo zarátané za spravodlivosť."

Hoci to bolo ľudskými schopnosťami niečo absolútne nemožné, Abrahám nikdy nepochyboval, ale úplne veril v prísľub Boha a Boh uznal Abrahámovu vieru. O rok mu Boh dal syna Izáka, ako sľúbil.

Avšak, aby sa Abrahám stal otcom viery, čakala ho ešte jedna skúška. Abrahám mal Izáka vo veku 100 rokov a Izák dobre rástol. Abrahám veľmi miloval svojho syna. Vtedy mu Boh prikázal obetovať Izáka ako zápalnú obetu, ako boli ponúkané kravy alebo baránky. Počas starozákonnej doby najprv zo zvieraťa stiahli kožu, rozrezali zviera na kusy, a potom ho priniesli ako zápalnú obetu.

Hebr 11, 17 - 19 dobre vysvetľuje, ako Abrahám v tom okamihu konal: „Vo viere Abrahám obetoval Izáka, keď bol skúšaný, a jednorodeného prinášal ako obetu ten, ktorý dostal prisľúbenia, a ktorému bolo povedané: „Po Izákovi sa bude volať tvoje potomstvo." Usudzoval totiž, že Boh má moc vzkriesiť aj mŕtvych. Preto dostal Izáka naspäť aj ako predobraz vzkriesenia." (Hebr 11, 17 - 19 ESVUK)

Abrahám zviazal Izáka, položil ho na oltár a chystal sa nožom svojho syna rozrezať. Vtedy sa zjavil Boží anjel a povedal: „Nedotýkaj sa chlapca, neublíž mu! Teraz viem, že sa bojíš Boha, lebo si mi neodoprel ani svojho jediného syna" (Gn 22, 12). Touto skúškou Boh uznal Abrahámovu dokonalú vieru a dokázal, že je kvalifikovaný stať sa otcom viery.

Kultivovať úprimné srdce a plnú istotu viery

Kedysi som nemal žiadnu nádej a čakal som len na smrť. Ale moja sestra ma vzala do kostola a len pokľaknutím v Božej svätyni som bol Božou mocou uzdravený zo všetkých mojich chorôb. Bola to odpoveď na modlitby a pôst mojej sestry.

Keďže som od Boha dostal ohromnú lásku a milosť, chcel som o ňom veľa vedieť. Zúčastnil som sa mnohých duchovných stretnutí, ako aj všetkých druhov bohoslužieb, aby som sa naučil Božie slovo. Aj keď som vykonával fyzicky náročnú prácu na stavbe, každé ráno som chodil na modlitebné stretnutia. Iba som túžil počuť Božie slovo a naučiť sa jeho vôľu najlepšie, ako som mohol.

Keď pastori učili Božiu vôľu, len som ju poslúchal. Počul som, že pre Božie dieťa nie je správne fajčiť a piť, a tak som okamžite prestal fajčiť a piť. Keď som počul, že Bohu musíme dávať desiatky a dary, až dodnes som nikdy ani jedno nevynechal.

Keď som čítal Bibliu, robil som to, čo nám Boh hovorí robiť a zachovával som to, čo nám Boh hovorí zachovávať. Nerobil som to, čo Biblia hovorí, aby sme nerobili. Modlil som sa, a dokonca som sa aj postil, aby som odhodil veci, ktoré nám Biblia hovorí odhodiť. Ak nebolo ľahké ich odhodiť, postil som sa. Boh prijal moju snahu oplatiť Božiu milosť a dal mi drahocennú vieru.

Moja viera v Boha každým dňom mocnela. V žiadnej skúške a prekážke som nikdy o Bohu nepochyboval. V dôsledku poslušnosti voči Božiemu slovu sa moje srdce zmenilo na úprimné srdce, v ktorom niet žiadnej neprávosti. Premenilo sa na dobré a čisté srdce, aby sa viac podobalo na srdce Pána.

Ako je napísané v 1 Jn 3, 21: „Milovaní, ak nás srdce neobviňuje, máme istotu v Bohu," o všetko som prosil Boha s istou vierou a dostal som odpovede.

Skúšky viery

Medzitým som vo februári 1983, 7 mesiacov po otvorení kostola, zažil veľkú skúšku viery. Moje tri dcéry a mladý muž boli otrávení oxidom uhoľnatým v jedno skoré sobotné ráno. Bolo to hneď po piatkovej celonočnej bohoslužbe. Ich prežitie sa zdalo byť nemožné, pretože vdychovali plyn takmer celú noc.

Ich oči boli obrátené a v ústach mali penu. V ich telách nebola žiadna sila a bolo veľmi mľandravé. Členovia cirkvi ich položili na podlahu vo svätyni, vyšiel som k oltáru a ponúkol Bohu modlitbu vďaky.

„ Bože, Otče, ďakujem ti. Dal si mi ich, a aj si ich vzal. Ďakujem Ti, že si vzal moje dcéry do lona Pána. Ďakujem Ti, Bože, za to, že si ich vzali do svojho kráľovstva, kde nie sú žiadne slzy, bolesti a smútok."

„Ale keďže mladý muž je spravodlivým členom cirkvi, prosím ťa, aby si ho oživil. Nechcem, aby tento incident zahanbil tvoje meno ... "

Po tejto modlitbe Bohu som sa najprv modlil za mladého muža, a potom za moje tri dcéry, jednu po druhej. O pár minút po tom, čo som sa za nich modlil, všetci štyria sa postavili na nohy v poradí, v akom som sa za nich modlil, a boli jasne pri vedomí.

Pretože som naozaj veril Bohu a miloval ho, ponúkol som mu modlitbu vďakyvzdania bez toho, aby som v srdci mal nejaký hnev alebo smútok, táto modlitba pohla Bohom a uskutočnil veľký zázrak. Vďaka tejto udalosti mohli mať naši členovia väčšiu vieru. Aj moja viera bola Bohom ešte viac uznaná a dostal som od neho väčšiu moc. Presnejšie, naučil som sa, ako zahnať jedovatý plyn, aj keď to nie je živý organizmus.

Keď pri čelení skúške viery ukážeme Bohu nemennú vieru, Boh uzná našu vieru a odplatí nám požehnaním. Ani nepriateľ diabol a satan nás už nemôžu obviňovať, pretože tiež videli, že naša viera je pravou vierou.

Od tej doby som dokázal prekonať všetky skúšky, vždy sa viac a viac priblížiť k Bohu s úprimným srdcom a dokonalou vierou. Zakaždým som zhora získal väčšiu moc. S Božou mocou, ktorá mi bola týmto spôsobom dávaná, mi Boh umožnil, aby som od roku 2000 začal organizovať misie do zahraničia.

Keď som sa v roku 1982 pred otvorením cirkvi 40 dní postil, Boh to radostne prijal a dal mi misiu Svetovej evanjelizácie a postavenia veľsvätyne. Ani po piatich, či desiatich rokoch som nevidel žiadny spôsob, ako tieto misie uskutočniť. Napriek tomu som stále veril, že Boh ich splní a nepretržite som sa za tieto misie modlil.

Počas nasledujúcich 17 rokov od otvorenia cirkvi nás Boh požehnal, aby sme dosiahli svetovú evanjelizáciu prostredníctvom veľkých misií v zahraničí, kde sa zjavila úžasná Božia moc. Začali sme s Ugandou, misie sme mali aj v Japonsku, Pakistane, Keni, Filipínach, Indii, Dubaji, Rusku, Nemecku, Peru, DR Kongu, Spojených štátoch, a dokonca aj v Izraeli, kde je ohlasovanie evanjelia prakticky nemožné. A uskutočnili sa tam úžasné uzdravenia. Mnohí ľudia prešli z hinduizmu a islamu na našu vieru. Veľmi sme oslávili Boha.

Keď nadišiel čas, Boh nám umožnil vydať mnoho kníh v rôznych jazykoch, aby sme ohlasovali evanjelium prostredníctvom kníh. Taktiež nám umožnil vytvoriť kresťanský televízny kanál nazvaný Globálna kresťanská sieť (GCN) a sieť kresťanských lekárov pod názvom Svetová sieť kresťanských lekárov (WCDN), a to všetko pre šírenie diel Božej moci uskutočňovaných v našej cirkvi.

Misia do Pakistanu

Bolo veľa príležitostí, ktoré sme prekonali s vierou v misie do zahraničia, ale rád by som hovoril najmä o pakistanskej missi, ktorá sa konala v októbri 2000. V deň jednotnej misie sme mali konferenciu kňazov. Aj keď sme už dostali schválenie od vlády, miesto konferencie bolo zatvorené, keď sme tam ráno prišli. Väčšina obyvateľov Pakistanu sú moslimovia. Naše kresťanské stretnutie dostávalo hrozby terorizmu. Keďže naše stretnutie bolo médiami dobre propagované, moslimovia sa snažili prekaziť našu misiu.

To je dôvod, prečo vláda tak náhle zmenila svoj postoj, zrušila povolenie použiť miesto na konferenciu a zastavovala ľudí, ktorí prichádzali na konferenciu. Avšaj, v mysli som nebol rozrušený ani vôbec prekvapený. Naopak, v mojom srdci som cítil pohnutie a povedal som: „Konferencia začne dnes popoludní." Vyznal som moju vieru, zatiaľ čo ozbrojení policajti blokovali brány a zdalo sa, že neexistuje žiadna šanca, že by vládni úradníci zmenili ich rozhodnutie.

Boh predvídal, že sa to takto stane a pripravil ministra kultúry a športu pakistanskej vlády, ktorý tento problém mohol vyriešiť. Bol v Lahore na služobnej ceste, a keď prišiel na letisko, aby sa vrátil do Islamabádu, počul o našej situácii a zavolal polícii a štátnym úradníkom, aby sa stretnutie mohlo konať. Dokonca odložil odchod svojho letu, aby mohol prísť na miesto, kde sa mala konať konferencia.

Úžasnou Božou mocou sa otvorila brána a mnoho ľudí sa valilo dnu s nadšením a výkrikmi radosti. Objímali jeden druhého a tiekli im slzy hlbokých emócií a radosti a vzdali slávu Bohu. A bolo to presne na poludnie!

Nasledujúci deň misie sa uskutočnili veľké diela Božej moci uprostred najväčšieho počtu ľudí v kresťanskej histórii Pakistanu. Zároveň to otvorilo cestu misijnej práci na Blízkom východe. Odvtedy vzdávame veľkú slávu Bohu v každej krajine, v ktorej máme misiu, za najväčšie množstvá ľudí a najmocnejšie Božie diela.

Ako môžeme otvoriť akékoľvek dvere, ak máme „hlavný kľúč", ak máme dokonalú vieru, môžeme privolať Božiu moc tvárou v tvár najnemožnejším situáciám. Potom môžu byť v jedinom okamihu vyriešené všetky problémy.

Aj napriek tomu, že prevažujú nešťastia, prírodné katastrofy alebo nákazlivé choroby, môžeme byť chránení Bohom, ak sa priblížime k Bohu s úprimným srdcom a dokonalou vierou. Navyše, aj keby sa vás ľudia s mocou alebo zlí ľudia pokúšali zničiť ich plánmi, ak máte len pravé srdce a dokonalú vieru, budete môcť vzdať slávu Bohu, ako Daniel, ktorý bol ochránený v jame levov.

Prvá časť 2 Krn 16, 9 hovorí: „Lebo oči Pána pozorujú celú zem, aby posilnil tých, čo sú mu srdcom plne oddaní. Nerozvážne si v tom postupoval, lebo odteraz budeš musieť bojovať." Aj

Božie deti budú v ich živote čeliť mnohým druhom malých a veľkých problémov. V tých časoch Boh očakáva, že sa budú na neho spoliehať a modliť s dokonalou vierou.

Tí, ktorí prichádzajú k Bohu s pravým srdcom, budú konať pokánie z ich hriechov, keď sú ich hriechy odhalené. Akonáhle sú ich hriechy odpustené, získavajú istotu a môžu sa priblížiť k Bohu s plnou istotou viery (Hebr 10, 22). V mene Pána sa modlím, aby ste pochopili tento princíp a priblížili sa k Bohu s úprimným srdcom a dokonalou vierou, aby ste dostali odpovede na čokoľvek, o čo v modlitbe prosíte.

Príklady z Biblie II

Tretie nebo a priestor tretej dimenzie

Tretie nebo je miesto, kde sa nachádza nebeské kráľovstvo.

Priestor, ktorý má vlastnosti tretieho neba, nazýva sa „priestor tretej dimenzie".

Keď je v lete horúce a vlhké počasie, hovoríme, že je to ako v tropickej oblasti.

To ale neznamená, že sa horúci a vlhký vzduch z tropickej oblasti skutočne premiestnil na to miesto.

Ide len o to, že dané počasie má podobné vlastnosti ako počasie v tropických oblastiach.

Rovnako, aj keď sa veci tretieho neba odohrávajú v prvom nebi (fyzickom priestore, v ktorom žijeme), neznamená to, že určitá časť priestoru tretieho neba vošla do prvého neba.

Samozrejme, keď nebeský zástup, anjeli alebo proroci prichádzajú do prvého neba, otvoria sa brány, ktoré spájajú prvé a tretie nebo.

Rovnako ako astronauti musia byť v kozmickom odeve na prechádzky po mesiaci alebo po vesmíre, keď bytosti z tretieho neba prichádzajú do prvého neba, musia „na seba vziať" priestor tretej dimenzie.

Aj niektorí z patriarchov v Biblii zažili priestor tretieho neba. Zvyčajne ide o udalosti, kedy sa zjavili anjeli alebo anjeli Pána a pomáhali im.

Peter a Pavol sú vyslobodení z väzenia

Sk 12, 7 - 10 hovoria: „Zrazu zastal pri ňom Pánov anjel a v miestnosti zažiarilo svetlo. Anjel udrel Petra do boku, zobudil ho a povedal: „Rýchlo vstaň!" Reťaze mu spadli z rúk a anjel mu povedal: „Opáš sa a obuj si sandále." Peter to urobil. Anjel mu potom povedal: „Prehoď si plášť a poď za mnou!" Peter vyšiel teda von a šiel za ním; ani nevedel, že to, čo sa dialo prostredníctvom anjela, je skutočnosť. Domnieval sa, že má videnie. Prešli cez prvú i cez druhú stráž a prišli k železnej bráne, ktorá viedla do mesta. Tá sa im sama otvorila. Vyšli von, prešli jednou ulicou a tam mu anjel zmizol."

Sk 16, 25 – 26 hovoria: „Okolo polnoci sa Pavol a Sílas modlili, spievali Bohu chválospevy a väzni ich počúvali. Vtom nastalo také silné zemetrasenie, že sa otriasali základy žalára. Všetky dvere sa odrazu otvorili a všetkým sa uvoľnili putá."

Toto boli udalosti, kedy boli Peter a apoštol Pavol uvrhnutí do väzenia, len preto, že hlásali evanjelium. Pri hlásaní evanjelia boli prenasledovaní, ale vôbec sa nesťažovali. Naopak, chválili Boha a radovali sa z toho, že môžu trpieť pre Pánovo meno. Pretože ich srdcia boli správne podľa spravodlivosti tretieho neba, Boh k nim poslal anjelov, aby ich vyslobodili. Putá ani železné brány neboli pre anjelov problémom.

Daniel prežil v jame levov

Keď bol Daniel predsedom vlády Perzskej ríše, plánovali ho zničiť niektorí z tých, ktorí na neho žiarlili. Následne ho hodili do jamy levov. Dan 6, 22 hovorí: „Môj Boh poslal svojho anjela a zatvoril tlamy levov, takže mi neublížili, lebo videl, že som nevinný, a ani pred tebou, kráľ, som sa nedopustil nijakej neprávosti." „Boh poslal svojho anjela a zatvoril tlamy levov" znamená, že ich pokryl priestor tretieho neba. V nebeskom kráľovstve v treťom nebi nie sú násilné zvieratá, ktoré sú na zemi divoké, ako lev, ale sú veľmi mierne. Preto sa aj levy tejto zeme stali veľmi mierne, keď ich pokryl priestor tretieho neba. Ale ak tento priestor zmizne, vrátia sa k svojim pôvodným násilným vlastnostiam. Dan 6, 24 hovorí: „Kráľ rozkázal priviesť tých, čo ohovárali Daniela, a hodili ich do jamy levov aj s deťmi a ženami. Ešte ani nedopadli na dno jamy, už sa ich zmocnili levy a rozdrvili im kosti."
Daniel bol chránený Bohom, pretože vôbec nehrešil. Zlí ľudia sa snažili nájsť dôvod, aby ho obvinili, ale nedokázali žiadny nájsť. Daniel sa modlil aj napriek tomu, že jeho život bol v ohrození. Všetky jeho skutky boli správne podľa spravodlivosti tretej dimenzie a z tohto dôvodu priestor tretej dimenzie pokryl jamu levov a Daniel nebol vôbec zranený.

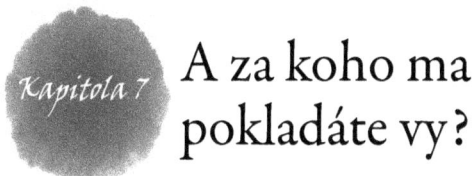 # A za koho ma pokladáte vy?

❝
Ty si Kristus, Syn živého Boha."
Ak vyznáte vieru
z hĺbky srdca,
potom budú nasledovať vaše skutky.
Boh požehná tých, ktorí takto vyznávajú.
❞

Význam vyznania perami

Peter kráčal po vode

Peter dostal kľúče od nebeského kráľovstva

Dôvod, prečo Peter dostal úžasné požehnanie

Zachovávajte Slovo, ak veríte v Ježiša ako svojho Spasiteľa

Dostať odpovede od Ježiša

Dostať odpovede prostredníctvom vyznania perami

„Opýtal sa ich: „A vy ma za koho pokladáte"? Šimon Peter odpovedal: „Ty si Kristus, Syn živého Boha." Ježiš mu odpovedal: „Blahoslavený si, Šimon, syn Jonáša, lebo ti to nezjavilo telo a krv, ale môj Otec, ktorý je v nebesiach. A ja ti hovorím: „Ty si Peter a na tej skale postavím svoju Cirkev a pekelné brány ju nepremôžu." Dám ti kľúče od nebeského kráľovstva; čo zviažeš na zemi, bude zviazané aj v nebi, a čo rozviažeš na zemi, bude rozviazané aj v nebi.""

(Mt 16, 15 - 19)

Niektoré manželské páry počas ich manželského života zriedka povedia: „Milujem ťa". Ak by sme sa ich na to opýtali, mohli by povedať, že dôležité je srdce, preto to nemusia neustále hovoriť. Samozrejme, srdce je dôležitejšie ako len vyznanie perami.

Bez ohľadu na to, koľkokrát povieme: „Milujem ťa", ak nemilujeme z nášho srdca, slová sú zbytočné. Ale nebolo by lepšie, keby sme mohli vyznať, čo máme v našom srdci? Duchovne je to rovnaké.

Význam vyznania perami

Rim 10, 10 hovorí: „Lebo srdcom veríme v spravodlivosť, ale ústami vyznávame spásu."

Samozrejme, tento verš zdôrazňuje vieru srdcom. Nemôžeme byť spasení len tým, že vyznáme našimi perami: „Verím," ale tým, že veríme zo srdca. Avšak, verš hovorí, že musíme našimi perami vyznať to, v čo veríme v našom srdci. Prečo je to tak?

Je to preto, aby nám to ukázalo, aké dôležité sú skutky, ktoré nasledujú po vyznaní perami. Tí, ktorí vyznávajú, že veria, ale robia to len svojimi perami bez viery v srdci, nemôžu ponúknuť dôkaz viery, čím sú ich skutky alebo skutky viery.

Ale tí, ktorí skutočne v srdci veria a vyznávajú to ich perami, skutkami ponúkajú dôkazy ich viery. To znamená, že robia to, čo Boh hovorí robiť, nerobia to, čo nám Boh hovorí nerobiť, dodržiavajú to, čo nám Boh hovorí dodržiavať, a odhadzujú to, čo nám Boh hovorí odhodiť.

Preto Jak 2, 22 hovorí: „Vidíš, že viera spolupôsobila s jeho skutkami, a že zo skutkov sa viera stala dokonalou?" Mt 7, 21 tiež hovorí: „Nie každý, kto mi hovorí: „Pane, Pane!" vojde do nebeského kráľovstva, ale iba ten, kto plní vôľu môjho Otca, ktorý je v nebesiach." Konkrétne to hovorí, že môžeme byť spasení iba vtedy, keď budeme nasledovať Božiu vôľu.

Ak robíte vyznanie viery, ktoré pochádza zo srdca, bude sprevádzané skutkami. Potom Boh príjme túto pravú vieru a odpovie vám a povedie vás na cestu požehnania. V Mt 16, 15 - 19 vidíme, že Peter dostal úžasné požehnanie skrze jeho vyznanie viery, ktoré pochádzalo z hĺbky jeho srdca.

Ježiš sa opýtal učeníkov: „A vy ma za koho pokladáte?" Peter odpovedal: „Ty si Kristus, Syn živého Boha." Ako dokázal vysloviť také úžasné vyznanie viery?

V Mt 14 sa dočítame o situácii, kedy Peter vyslovil pozoruhodné vyznanie viery. Stalo sa to, keď Peter kráčal po vode. Človek kráčajúci po vode nedáva na základe ľudského poznania zmysel. To, že Ježiš kráčal po vode, je samo o sebe úžasné, a aj Petrovo kráčanie po vode priťahuje našu pozornosť.

Peter kráčal po vode

V tom čase sa Ježiš sám v horách modlil a uprostred noci sa

priblížil k svojim učeníkom, ktorí boli na lodi, zmietaní vlnami. Učeníci si mysleli, že je to duch. Predstavte si, že sa k vám v temnej noci niečo uprostred mora blíži! Učeníci zo strachu kričali.

Ježiš povedal: „Vzmužte sa, ja som to, nebojte sa!" A Peter odpovedal: „Pane, ak si to ty, rozkáž mi, aby som prišiel k tebe po vode." Ježiš povedal: „Poď!" A potom Peter vystúpil z lode, kráčal po vode a šiel k Ježišovi.

Peter mohol chodiť po vode, no nie preto, že jeho viera bola dokonalá. Môžeme to pochopiť z toho, že sa začal báť a topiť sa, keď uvidel vietor. Ježiš vystrel ruku, chytil ho a povedal mu: „Maloverný, prečo si pochyboval?" Ak Peter nechodil po vode vďaka dokonalej viere, tak ako?

Aj keď to nebolo možné jeho vlastnou vierou, v jeho srdci veril Ježišovi, Božiemu Synovi, a uznal ho, preto mohol v tom okamihu chodiť po vode. Tu si môžeme uvedomiť niečo veľmi dôležité: je dôležité vyznávať perami, keď veríme v Pána a uznávame ho.

Predtým, ako Peter chodil po vode, vyznal: „Pane, ak si to ty, rozkáž mi, aby som prišiel k tebe po vode." Samozrejme, nemôžeme povedať, že toto vyznanie bolo dokonalé. Keby v jeho srdci veril v Pána na 100 %, vyznal by: „Pane, ty dokážeš čokoľvek. Prikáž mi, aby som prišiel k tebe po vode."

Ale keďže Peter nemal dostatočnú vieru, aby dokázal z hĺbky srdca vysloviť dokonalé vyznanie, povedal: „Pane, ak si to ty." Tak povediac žiadal o potvrdenie. Napriek tomu sa týmito slovami Peter odlíšil od ostatných učeníkov na lodi.

Vyznal jeho vieru hneď po tom, ako Ježiša spoznal, zatiaľ čo ostatní učeníci od strachu kričali. Keď Peter uveril Ježišovi a z hĺbky jeho srdca ho prijal ako Pána, mohol zažiť taký zázrak, ktorý bol nemožný jeho vlastnou vierou a mocou, a to kráčanie po vode.

Peter dostal kľúče od nebeského kráľovstva

Prostredníctvom tejto skúsenosti Peter napokon dokázal vysloviť dokonalé vyznanie jeho viery. V Mt 16, 16 Peter povedal: „Ty si Kristus, Syn živého Boha." Toto bol iný druh vyznania ako to, ktoré urobil v čase, keď kráčal po vode. Počas Ježišovej služby nie každý v neho uveril a prijal ho ako Mesiáša. Niektorí mu závideli a snažili sa ho zabiť.

Boli tam dokonca aj ľudia, ktorí ho súdili a odsudzovali a šírili o ňom falošné správy, ako: „Šalie", „Je posadnutý Belzebubom" alebo „Ako knieža démonov vyháňal démonov."

Napriek tomu v Mt 16, 13 sa Ježiš pýta svojich učeníkov: „Za koho pokladajú ľudia Syna človeka? Odpovedali: Jedni za Jána Krstiteľa, druhí za Eliáša, iní za Jeremiáša alebo za jedného z prorokov." Boli tam aj zlé zvesti o Ježišovi, ale učeníci sa o nich nezmienili, ale hovorili len o dobrých veciach, aby Ježiša povzbudili.

A Ježiš sa ich opäť opýtal: „A vy ma za koho pokladáte?" Prvý, kto odpovedal na túto otázku, bol Peter. V Mt 16, 16 povedal: „Ty si Kristus, Syn živého Boha." V nasledujúcich veršoch čítame, že Ježiš Petra veľmi požehnal.

„Blahoslavený si, Šimon, syn Jonáša, lebo ti to nezjavilo telo a krv, ale môj Otec, ktorý je v nebesiach." (Mt 16, 17)

„A ja ti hovorím: Ty si Peter a na tej skale postavím svoju Cirkev a pekelné brány ju nepremôžu. Dám ti kľúče od nebeského kráľovstva; čo zviažeš na zemi, bude zviazané aj v nebi, a čo rozviažeš na zemi, bude rozviazané aj v nebi." (Mt 16, 18 – 19)

Peter dostal požehnanie stať sa základom cirkvi a moc ukázať veci duchovného priestoru v tomto fyzickom priestore. To je to ako sa neskôr skrze Petra uskutočnilo množstvo úžasných vecí; chromí začali chodiť, mŕtvi boli oživení a tisíce ľudí naraz konali pokánie.

Navyše, keď Peter preklial Ananiáša a Zafíru, ktorí chceli oklamať Ducha Svätého, ihneď padli na zem a zomreli (Sk 5, 1 – 11). Všetko toto bolo možné, pretože Peter mal moc, že čokoľvek zviaže na zemi, bude zviazané aj v nebi, a čokoľvek rozviaže na zemi, bude rozviazané aj v nebi.

Dôvod, prečo Peter dostal úžasné požehnanie

Aký bol dôvod toho, že Peter dostal také úžasné požehnanie? Počas zdržiavania sa v blízkosti Ježiša ako jeho učeník Peter videl nespočetné diela moci, ktoré sa uskutočnili prostredníctvom Ježiša. Veci, ktoré nebolo možné uskutočniť ľudskou schopnosťou, uskutočnili sa prostredníctvom Ježiša. Veci, ktoré nedokázali byť vyučované ľudskou múdrosťou, boli ohlasované Ježišovými ústami. Čo mali robiť tí, ktorí skutočne verili v Boha a mali v ich srdci dobrotu? Nespoznali by ho, mysliac si: „Toto nie je len nejaký obyčajný človek, ale Boží Syn, ktorý prišiel z neba"?

Ale pri pohľade na tohto Ježiša ho veľa ľudí v tej dobe nespoznalo. Najmä veľkňazi, kňazi, farizeji, zákonníci a iní vodcovia ho odmietali uznať.

Ale niektorí z nich boli závistiví, žiarliví a snažili sa ho zabiť. A iní ho súdili a odsúdili ich vlastnými myšlienkami. Ježiš bol z týchto ľudí veľmi smutný a povedal v Jn 10, 25 - 26: „Povedal som vám, a neveríte. Skutky, ktoré ja konám v mene svojho Otca, svedčia o mne. Ale vy neveríte, lebo nie ste z mojich oviec."

Aj v Ježišovej dobe ho mnoho ľudí súdilo a odsúdilo a snažili sa ho zabiť. Jeho učeníci, ktorí ho neustále pozorovali, boli iní. Samozrejme, nie všetci učeníci hlboko v srdci verili a uznávali Ježiša za Božieho Syna a Krista. Ale verili v Ježiša a uznávali ho.

Peter povedal Ježišovi: „Ty si Kristus, Syn živého Boha," a nebolo to niečo, čo od niekoho počul alebo sám na to prišiel. Mohol to pochopiť, pretože videl Božie diela, ktoré Ježiša nasledovali, a pretože mu Boh dovolil si to uvedomiť.

Zachovávajte Slovo, ak veríte v Ježiša ako svojho Spasiteľa

Niektorí vyznávajú perami: „Verím," len preto, že iní ľudia im hovoria, že sme spasení, ak veríme v Ježiša a môžeme byť uzdravení a požehnaní, ak chodíme do kostola. Samozrejme, keď prídete do kostola po prvýkrát, je pravdepodobné, že tam neprídete preto, že vela viete a veľmi veríte. Keď ľudia počujú, že môžu byť požehnaní a spasení, ak chodia do kostola, mnohí si myslia: „Prečo to neskúsiť?"

Ale bez ohľadu na to, prečo ste prišli do kostola, po zažití úžasných Božích diel už nikdy by ste nemali mať rovnaké myšlienky ako predtým. Myslím tým to, že by ste nemali len vyznávať perami, že veríte, aj keď nemáte žiadnu vieru, ale mali by ste prijať Ježiša Krista ako svojho Spasiteľa a prostredníctvom vašich skutkov priniesť Ježiša Krista ostatným ľuďom.

Odkedy som sa stretol so živým Bohom a prijal Ježiša za svojho Spasiteľa, začal som žiť úplne iný život. Z hĺbky srdca som na 100 % veril v Boha a v Ježiša ako môjho Spasiteľa.

Vždy som v mojom živote uznával Pána a zachovával Božie slovo. Nespoliehal som sa na vlastné myšlienky, teórie alebo názory, ale vo všetkom som sa spoliehal len na Boha. Ako je napísané v Prís 3, 6: „Na všetkých svojich cestách ho poznávaj a on sám ti urovná chodníky," pretože som vo všetkom uznal Boha, Boh ma viedol po všetkých mojich cestách.

Potom som začal dostávať úžasné požehnania, ako tie, ktoré dostal Peter. Ako Ježiš povedal Petrovi: „... všetko, čo sa viažeš na zemi, bude viazané na nebi a všetko, čo rozviažeš na zemi, bude rozviazané aj v nebi," Boh mi splnil všetko, v čo som veril, a o čo som prosil.

Prijal som Boha, a ako prikazuje Božie slovo, odhodil som všetky druhy zla. Keď som dosiahol úroveň svätosti, Boh mi dal jeho moc. Keď som položil ruky na chorých, choroby ich opúšťali a boli uzdravovaní. Keď som sa modlil za tých, ktorí mali rodinné alebo obchodné problémy, ich problémy boli vyriešené. Keďže som uznal Boha vo všetkom, vyznal moju vieru a potešoval ho zachovávaním jeho Slova, On odpovedal na všetky túžby môjho srdca a hojne ma požehnal.

Dostať odpovede od Ježiša

V Biblii vidíme, že k Ježišovi prišlo mnoho ľudí a ich choroby a slabosti boli uzdravené alebo ich problémy boli vyriešené. Medzi nimi boli aj pohania, ale väčšina z nich boli Židia, ktorí už po celé generácie verili v Boha.

Ale aj keď verili v Boha, nedokázali sami vyriešiť ich problémy alebo dostať odpoveď vlastnou vierou. Keď prišli pred Ježiša, boli uzdravení z chorôb a slabostí a ich problémy boli vyriešené. Je to preto, že uverili v Ježiša a prijali ho a potvrdili to ich skutkami.

Dôvod, prečo sa toľko ľudí pokúsilo prísť pred Ježiša, a dokonca sa dotknúť jeho odevu, je to, že verili, že Ježiš nebol obyčajným človekom a ich problémy budú vyriešené, ak pred neho prídu, hoci ich viera nebola úplná. Nedokázali dostať odpovede na problémy ich vlastnou vierou, ale mohli dostať odpoveď, keď verili v Ježiša, prijali ho a prišli pred neho.

A čo vy? Ak skutočne veríte v Ježiša Krista a hovoríte: „Ty si Kristus, Syn živého Boha", potom vám Boh odpovie, vidiac vaše srdce. Samozrejme, vyznanie viery tých, ktorí chodia do kostola už dlhší čas, malo by sa líšiť od vyznania nových veriacich. Je to preto, že Boh vyžaduje od rôznych ľudí rôzny druh vyznania perami podľa viery každého človeka. Rovnako ako poznanie štvorročného dieťaťa a mladého dospelého človeka sú odlišné, aj vyznanie perami musí byť iné.

Avšak, toto si nemôžete sami uvedomiť alebo o tom od niekoho iného počuť a uvedomiť si to. Duch Svätý vo vás vám musí dať pochopenie a musíte vyznávať v plnosti Ducha Svätého.

Dostať odpovede prostredníctvom vyznania perami

V Biblii je veľa ľudí, ktorí dostali odpovede tým, že vyznali ich vieru. Keď v Lk 18 slepý uveril a prijal Pána, prišiel pred neho a vyznal: „Pane, aby som videl" (v 41). Ježiš odpovedal: „Pozeraj! Tvoja viera ťa zachránila" (v 42), a hneď začal vidieť.

Keď ľudia uverili v Ježiša, uznali ho, prišli pred neho a vyznali ich vieru, Ježiš prehovoril pôvodným hlasom a získali odpoveď. Ježiš má rovnakú moc ako všemohúci a vševediaci Boh. Ak sa Ježiš pre niečo rozhodne v jeho mysli, akékoľvek ochorenie alebo slabosť sa uzdraví a vyriešia sa aj všetky druhy problémov.

Ale to neznamená, že vyriešil problémy hocikoho a odpovedal na hocikoho modlitbu. Na základe spravodlivosti nie je správne modliť sa za takých ľudí a požehnať tých, ktorí v neho neverili, neuznali ho, ani sa o neho nezaujímali.

Podobne, aj keby Peter v srdci veril v Pána a uznal ho, ak by to nepotvrdil jeho perami, dal by Ježiš Petrovi tieto úžasné slová požehnania? Ježiš mohol dať Petrovi prísľub požehnania bez toho, aby porušil spravodlivosť, pretože Peter veril v Ježiša, prijal ho v jeho srdci a vyznal to jeho perami.

Ak sa chcete podieľať na službe Ducha Svätého, ako to učinil Peter pre Ježiša, mali by ste vyznávať perami z hĺbky vášho srdca. Dúfam, že prostredníctvom takého vyznania perami v plnosti Ducha Svätého rýchlo dostanete odpovede na túžby vášho srdca.

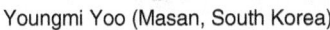

Youngmi Yoo (Masan, South Korea)

Nepozvaná a neznáma choroba, ktorá ma jedného dňa navštívila

V polovici januára 2005 mi začalo slabnúť pravé oko a zrak sa mi v obidvoch očiach zhoršil. Objekty vyzerali nejasne alebo boli takmer neviditeľné. Mnohé objekty vyzerali byť žlté a priame čiary sa javili zakrivene a zvlnene. A čo bolo horšie, nasledovalo zvracanie a závraty.

Lekár mi povedal: „Je to choroba Harada. Objekty vyzerajú hrčkovito, pretože v tvojich očiach sú malé hrčky." Povedal, že príčina choroby zatiaľ nebola známa a zrak nebolo ľahké lekárskou liečbou obnoviť. Ak sa nádory zväčšia, pokryjú nervy oka a spôsobí to úplnú stratu zraku. Začal som počas modlitby nazerať do svojho vnútra. Potom som začal byť vďačný, pretože by som zostal arogantným, ak by som takýto problém nemal.

Potom skrze modlitbu reverenda Jaerocka Leeho internetovým prenosom a vreckovkou, nad ktorou na modlil, moje závraty a

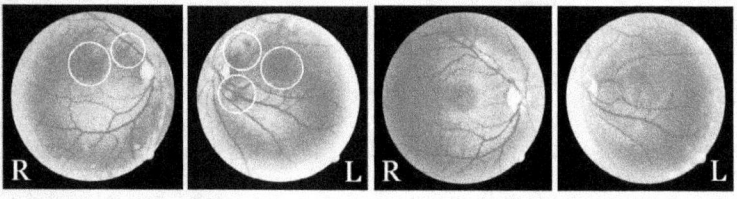

Pred modlitbou   Nádory hneď po modlitbe zmizli

zvracanie pominuli. „Mŕtve očné nervy, obnovte sa! Nech vstúpi svetlo!"
Neskôr som v televízii sledoval piatkovú celonočnú bohoslužbu s dokonalým zrakom. Titulky vyzerali jasne. Mohol som sa sústrediť na to, čo som chcel vidieť, a objekty už viac nevyzerali nejasne. Farby každého objektu boli úplne jasné. Vôbec nič nevyzeralo žlto. Aleluja! 14. februára som išiel na lekárske vyšetrenie, aby som potvrdil moje uzdravenie a oslávil Boha. Doktor povedal: „Úžasné! Vaše oči sú normálne." Doktor vedel o vážnom stave mojich očí a bol prekvapený, že sú normálne. Po dôkladnom vyšetrení potvrdil, že nádory zmizli a opuch sa stratil. Opýtal sa ma, či som dostal lekársku starostlivosť v inej nemocnici. Jasne som mu odpovedal: „Nie. Iba som prijal modlitbu reverenda Leeho a bol som uzdravený Božou mocou."

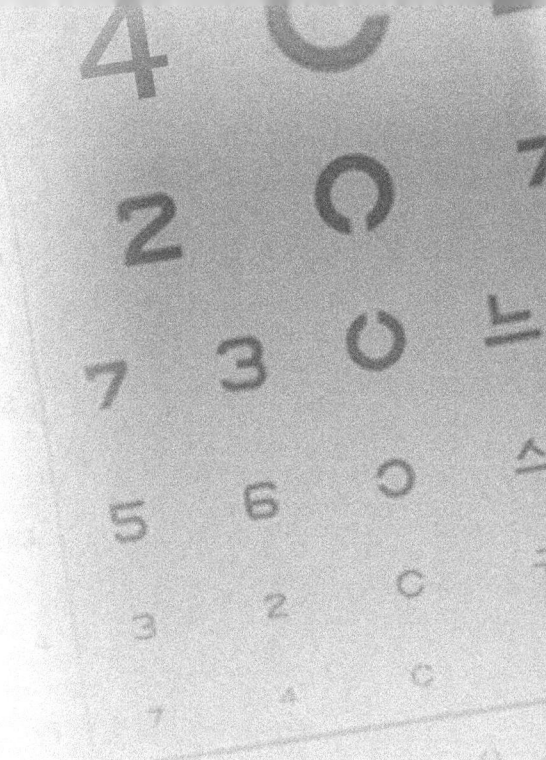

Môj zrak bol pred modlitbou 0,8/0,25 dioptria, ale po modlitbe sa ukázalo, že je 1,0/1,0 dioptria. Teraz je zrak v obidvoch mojich očiach 1,2 dioptria.

- Výťažok z diela Extraordinary Things -

Čo chceš, aby som ti urobil?

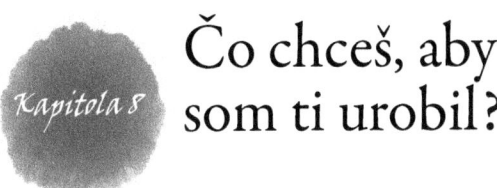
Kapitola 8

> Keď Ježiš povedal:
> „Čo chceš, aby som ti urobil?"
> povedal to pôvodným hlasom.

Dostať odpoveď prostredníctvom pôvodného hlasu

Dôverujte Ježišovi z hĺbky srdca

Pri prosení Boha volajte

Dokonalá viera, ktorá sa nezakolíše

Odhodiť plášť

Boh počuje vyznanie viery

„Čo chceš, aby som ti urobil?
On odpovedal: Pane, aby som videl!"
———————————

(Lk 18, 41)

Dokonca aj tí, ktorí po prvýkrát prichádzajú do kostola, môžu dostať odpoveď na akýkoľvek problém, ak len z hĺbky srdca veria Bohu. Je to preto, že Boh je náš dobrý Otec, ktorý chce dať svojim deťom dobré veci, ako je to napísané v Mt 7, 11: „Keď teda vy, hoci ste zlí, viete dávať dobré dary svojim deťom, o čo skôr dá dobré dary váš nebeský Otec tým, čo ho prosia!"

Dôvod, prečo Boh v jeho spravodlivosti stanovil podmienky na získanie odpovede, je umožniť jeho milovaným deťom dostať hojné požehnanie. Boh nestanovil podmienky, aby povedal: „Nemôžem vám to dať, pretože nespĺňate štandardy."

Učí nás o spôsoboch, ako dostať odpovede na túžby nášho srdca, finančné problémy, rodinné problémy alebo problémy s chorobami. A na to, aby sme v Božej spravodlivosti tieto odpovede získali, najdôležitejšia je viera a poslušnosť.

Dostať odpoveď prostredníctvom pôvodného hlasu

V Lk 18 sa podrobne dočítame o slepom človeku, ktorý dostal odpoveď, keď Ježiš prehovoril pôvodným hlasom. Počul, ako Ježiš prechádza okolo neho, keď žobral na ulici a zvolal mocným hlasom. „Ježišu, syn Dávidov, zmiluj sa nado mnou!" Tí, čo išli vpredu, mu dohovárali, aby mlčal; ale on aj naďalej volal: „Syn Dávidov, zmiluj sa nado mnou!"

A Ježiš sa zastavil a prikázal, aby ho k nemu priviedli. A opýtal sa ho: „Čo chceš, aby som ti urobil?" A on povedal:

„Pane, aby som videl!" A Ježiš mu povedal: „Pozeraj! Tvoja viera ťa zachránila." Hneď ako to Ježiš povedal, uskutočnil sa mimoriadny zázrak. Hneď začal vidieť. A keď to videli všetci ľudia, vzdali chválu Bohu.

Keď Ježiš povedal: „Čo chceš, aby som ti urobil?" prehovoril pôvodným hlasom. Keď slepý odpovedal: „Pane, aby som videl!" A Pán povedal: „...tvoja viera ťa zachránila", opäť to bol pôvodný hlas.

„Pôvodný hlas" je hlas Boha, ktorým prehovoril, keď jeho Slovom stvoril nebesia a zem a všetko, čo ich napĺňa. Tento slepý človek mohol získať zrak, keď Ježiš prehovoril pôvodným hlasom, pretože správne splnil podmienky na získanie odpovede. Teraz podrobne preskúmame, ako mohol tento slepec dostať odpoveď.

Dôverujte Ježišovi z hĺbky srdca

Ježiš šiel do dedín a miest, šíril evanjelium nebeského kráľovstva a jeho Slovo potvrdzoval znameniami a zázrakmi, ktoré nasledovali. Chromí chodili, malomocní boli uzdravovaní a tí, ktorí mali zrakové alebo zvukové postihnutie, videli a počuli. Tí, ktorí boli nemí, hovorili, a démoni boli vyháňaní. Pretože sa správy o Ježišovi šírili široko-ďaleko, kdekoľvek Ježiš šiel, obklopoval ho veľký dav ľudí.

Jedného dňa Ježiš odišiel do Jericha. Ako obvykle sa okolo

Ježiša zhromaždilo veľa ľudí a nasledovali ho. V tom čase slepec, ktorý sedel na ulici a žobral, počul okolo neho dav ľudí a opýtal sa ľudí, čo sa deje. Niekto mu povedal: „Prichádza Ježiš Nazaretský." Potom tento slepec bez váhania vykríkol: „Ježišu, Syn Dávidov, zmiluj sa nado mnou!"

Dôvodom, prečo takto mohol zvolať, bolo to, že veril, že ho Ježiš určite môže uzdraviť. Taktiež to dokazuje to, že v Ježiša veril ako v Spasiteľa, pretože zvolal: „Ježišu, Syn Dávidov."

Je to preto, že všetci ľudia v Izraeli vedeli, že Mesiáš vzíde z Dávidovho rodu. Prvým dôvodom, prečo tento slepec mohol dostať odpoveď, je to, že veril v Ježiša a prijal ho ako Spasiteľa. Tiež nepochybne veril, že tento Ježiš ho mohol uzdraviť.

Hoci bol slepý a nemohol vidieť, počul o Ježišovi mnoho správ. Počul, že žil človek, ktorý sa volal Ježiš, a mal takú obrovskú moc, že dokázal vyriešiť akýkoľvek problém, ktorý nedokázal vyriešiť žiadny iný človek.

Ako je napísané v Rim 10, 17: „Teda viera je z počutia," tento slepec nadobudol vieru, že znova uvidí, ak by iba prišiel pred Ježiša. Mohol uveriť tomu, čo počul, pretože mal pomerne dobré srdce.

A rovnako, ak máme dobré srdce, je pre nás ľahšie mať duchovnú vieru, keď počujeme evanjelium. Evanjelium je „dobrou správou" a správa o Ježišovi bola tiež dobrou správou. Tí, ktorí majú dobré srdce, prijímajú dobrú správu. Napríklad, keď niekto hovorí: „Bol som uzdravený z nevyliečiteľnej choroby prostredníctvom modlitby," ľudia s dobrým srdcom sa budú s ním radovať. Aj keď tomu úplne neveria, mysleli by si: „Ak je to pravda, je to naozaj dobrá vec."

Čím horší sú ľudia, tým viac pochybujú a snažia sa tomu neveriť. Niektorí dokonca súdia alebo odsudzujú, hovoriac: „Hovoria to preto, aby oklamali ľudí." Ak však hovoria, že diela Ducha Svätého zjavené Bohom sú falošné a vymyslené, je to rúhanie proti Duchu Svätému.

Mt 12, 31 - 32 hovorí: „Preto vám hovorím: Každý hriech a rúhanie bude ľuďom odpustené, ale rúhanie proti Duchu nebude odpustené. A kto by povedal slovo proti Synovi človeka, tomu bude odpustené. Kto by však hovoril proti Duchu Svätému, tomu nebude odpustené ani v tomto veku, ani v budúcom."

Ak ste odsúdili cirkev, v ktorej sa uskutočňujú diela Ducha Svätého, musíte konať pokánie. Odpoveď dostanete iba vtedy, keď je zničený múr hriechu medzi Bohom a vami.

1 Jn 1, 9 hovorí: „Ale ak vyznávame svoje hriechy, on je verný a spravodlivý: Odpustí nám hriechy a očistí nás od všetkej neprávosti." Ak máte niečo, z čoho musíte konať pokánie, dúfam, že budete pred Bohom konať dôkladné pokánie so slzami v očiach a chodiť len vo svetle.

Pri prosení Boha volajte

Keď slepec počul, že prichádza Ježiš, zvolal slovami: „Ježišu,

Syn Dávidov, zmiluj sa nado mnou!" Volal k Ježišovi mocným hlasom. Prečo musel volať mocným hlasom?

Gn 3, 17 hovorí: „Mužovi povedal: „Pretože si poslúchol hlas svojej ženy a jedol si zo stromu, z ktorého som ti zakázal jesť, nech je pre teba prekliata pôda. S námahou sa z nej budeš živiť po všetky dni svojho života.""

Predtým, ako prvý človek Adam jedol zo stromu poznania dobra a zla, ľudia mohli jesť to, čo im Boh poskytol v takej miere, v akej chceli. Avšak, po tom, ako Adam neposlúchol Božie slovo a jedol zo stromu, hriech vstúpil do ľudí a stali sa telesnými ľuďmi. Od tej chvíle sa mohli živiť len s námahou.

Toto je spravodlivosť stanovená Bohom. Preto iba s námahou môžeme dostať odpovede od Boha. A práve v našej modlitbe sa musíme namáhať celým srdcom, mysľou a dušou a volať, aby sme dostali odpoveď.

Jer 33, 3 hovorí: „Volaj ku mne a odpoviem ti, oznámim ti veľké a neprístupné veci, ktoré nepoznáš." Lk 22, 44 hovorí: „V smrteľnej úzkosti sa modlil ešte vrúcnejšie a jeho pot stekal na zem ako kvapky krvi."

Aj v Jn 11, keď Ježiš znovuzrodil Lazára, ktorý bol štyri dni mŕtvy, zvolal mocným hlasom: „Lazár, poď von!" (Jn 11, 43). Keď Ježiš prelial všetku jeho vodu a krv a naposledy na kríži vydýchol, zvolal mocným hlasom a povedal: „Otče, do tvojich rúk porúčam svojho ducha." (Lk 23, 46)

Pretože Ježiš prišiel na túto zem v ľudskom tele, dokonca aj keď bol bez hriechu, zvolal mocným hlasom, aby bol v súlade s

Božou spravodlivosťou. Ako by sme si mohli my, Božie stvorenia, jednoducho sadnúť a modliť sa jednoduchým spôsobom bez hlasného volania, aby sme dostali odpovede na problémy, ktoré ľudské schopnosti nedokážu vyriešiť? Preto druhý dôvod, prečo slepec mohol dostať odpoveď, bolo to, že volal mocným hlasom, čo je podľa Božej spravodlivosti správny spôsob.

Jakub dostal požehnanie od Boha, keď sa modlil tak veľmi, až kým si neporanil bedrový kĺb (Gn 32, 24 - 30). Keď tri a pol roka nepršalo, Eliáš sa modlil tak horlivo, že si vsunul hlavu medzi kolená (1 Kr 18, 42 - 46). Odpoveď môžeme dostať rýchlo, ak pohneme Božím srdcom, keď sa modlíme celou silou, vierou a láskou.

Volať v modlitbe neznamená, že musíme kričať s hnevom v hlase. Správne spôsoby modlitby a spôsob, ako získať Božie odpovede nájdete v knihe Bedlite a modlite sa.

Dokonalá viera, ktorá sa nezakolíše

Niektorí ľudia hovoria: „Boh pozná aj najhlbšiu časť vášho srdca, takže nemusíte vo svojej modlitbe volať." Ale to nie je pravda. Slepcovi bolo prísne prikázané, aby bol ticho, ale on o to viac volal.

Neposlúchol ľudí, ktorí mu hovorili, aby bol ticho, ale ešte viac volal podľa Božej spravodlivosti s ešte horlivejším srdcom. Jeho viera v tejto chvíli bola dokonalá viera, ktorá sa nemení. A tretí dôvod, prečo dostal odpoveď, je to, že ukázal vieru, ktorá sa v žiadnej situácii nemení.

Keby sa slepec urazil alebo mlčal, keď ho ľudia pokarhali, jeho zrak by nebol obnovený. Avšak, pretože mal takú pevnú vieru, že bude môcť opäť vidieť, ked sa stretne s Ježišom, nemohol zmeškať tento okamih, ani napriek karhaniu ľudí. Nebola to chvíľa na to, aby ukazoval jeho pýchu, ani nemohol podľahnúť žiadnym ťažkostiam. Naďalej horlivo volal, a nakoniec dostal odpoveď.

V Mt 15 je príbeh kanaánskej ženy, ktorá s pokorným srdcom prišla pred Ježiša a dostala odpoveď. Keď Ježiš odišiel do Týru a Sidonu, prišla k nemu žena a prosila ho, aby vyhnal démona, ktorý trápil jej dcéru. Čo na to povedal Ježiš? Povedal: „Nie je dobré vziať chlieb deťom a hodiť ho šteňatám." Deti predstavovali izraelský ľud a kanaánska žena psa.

Obyčajní ľudia by sa takouto poznámkou veľmi urazili a odišli by. Ale ona bola iná. Pokorne prosila o milosť a povedala: „Áno, Pane, ale aj šteňatá sa živia odrobinami, ktoré padajú zo stola ich pánov." Ježišom to pohlo a povedal: „Žena, veľká je tvoja viera! Nech sa ti stane, ako si želáš!" A v tú hodinu jej dcéra ozdravela. Dostala odpoveď, pretože odhodila všetku svoju hrdosť a úplne sa pokorila.

Avšak, mnohí ľudia, aj keď prichádzajú pred Boha, aby vyriešili veľký problém, iba sa vrátia alebo sa nespoliehajú na Boha, len preto, že sa niečo malé dotklo ich pocitov. Ale ak skutočne majú vieru na vyriešenie akéhokoľvek ťažkého problému, potom budú pokorným srdcom len naďalej Boha prosiť o jeho milosť.

Odhodiť plášť

Keď Ježiš prišiel do Jericha, otvoril oči slepému a v Mk 10, 46 - 52 čítame, že Ježiš otvoril oči aj inému slepému. Tento druhý slepec bol Bartimeus.

Taktiež volal mocným hlasom, keď počul, že Ježiš prichádza. Ježiš povedal ľuďom, aby ho priniesli a musíme venovať pozornosť tomu, čo urobil. Mk 10, 50 hovorí: „A on zhodil plášť, vyskočil a prišiel k Ježišovi." To je dôvod, prečo mohol dostať odpoveď: odhodil jeho plášť a prišiel k Ježišovi.

Čo je teda duchovným významom ukrytým v odhodení jeho plášťa, že to bola jedna z podmienok na získanie odpovede? Plášť žobráka musel byť špinavý a zapáchajúci. Ale je to jediný majetok žobráka, ktorý môže ochrániť jeho telo. Ale Bartimeus mal dobré srdce, a tak nemohol ísť pred Ježiša v jeho špinavom a zapáchajúcom plášti.

Ježiš, ktorého mal stretnúť, bol veľmi svätý a čistý človek. Slepec vedel, že Ježiš bol veľmi dobrý človek, ktorý dal ľuďom milosť, uzdravoval ich a dával nádej chudobným a chorým. A tak počúval hlas jeho svedomia, že nemohol prísť pred Ježiša v jeho špinavom a zapáchajúcom plášti. Poslúchol hlas a plášť odhodil.

Bolo to predtým, ako Bartimeus dostal dar Ducha Svätého, a

počúval hlas jeho dobrého svedomia a poslúchol ho. Konkrétne, ihneď odhodil jeho najvzácnejší majetok, jeho plášť. Ďalším duchovným významom plášťa je naše srdce, ktoré je špinavé a zapácha. Je to srdce nepravdy, ako je pýcha, arogancia a všetky ostatné špinavé veci.

Z toho vyplýva, že na stretnutie s Bohom, ktorý je svätý, musíme odstrániť všetky špinavé a zapáchajúce hriechy, ktoré sú ako špinavý plášť žobráka. Ak skutočne chcete dostať odpoveď, musíte počúvať hlas Ducha Svätého, keď vám Duch Svätý pripomína vaše minulé hriechy. A z každého z nich musíte konať pokánie. Mali by ste bez váhania poslúchať, čo vám hovorí hlas Ducha Svätého - ako to urobil slepec Bartimeus.

Boh počuje vyznanie viery

Ježiš nakoniec odpovedal tomuto slepcovi, ktorý prosil s plnou istotou viery. Ježiš sa ho opýtal: „Čo chceš, aby som ti urobil?" Nevedel Ježiš, čo tento slepec chcel? Samozrejme, že to vedel, ale dôvod, prečo sa na to aj tak pýtal, bolo to, že bolo potrebné vyznanie viery. Je to Božia spravodlivosť, že na to, aby sme dostali odpoveď, musíme vyznať vieru našimi perami.

Ježiš sa opýtal slepca: „Čo chcete, aby som vám urobil?", pretože splnil podmienky toho, aby mohol dostať odpoveď. Keď odpovedal: „Pane, aby som videl!", dostal odpoveď. Rovnako, stačí, ak len spĺňame podmienky podľa Božej spravodlivosti, a môžeme dostať všetko, o čo prosíme.

Poznáte príbeh o zázračnej Aladinovej lampe? Keď vraj lampu trikrát pošúchate, vyjde z nej džin a splní vám vaše želania. Aj keď je to len príbeh vymyslený ľuďmi, máme oveľa úžasnejší a mocnejší kľúč k odpovediam. V Jn 15, 7 Ježiš povedal: „Ak zostávate vo mne, a ak aj moje slová zostávajú vo vás, proste, čo len chcete, a stane sa vám." Veríte v moc všemocného Boha Otca, ktorý je všemohúci? Potom stačí, ak budete zostávať v Pánovi a jeho Slovo zostane vo vás. Dúfam, že budete jedno s Pánom skrze vieru a poslušnosť, aby ste mohli odvážne vyznávať vaše túžby a mať ich splnené, keď zaznie pôvodný hlas.

Pani Akiyo Hirouchiová (Maizuru, Japan)

Defekt predsieňového septa mojej dcéry bol uzdravený!

Na začiatku roku 2005 sa v našej rodine narodili dvojčatá. Ale po približne troch mesiacoch malo jedno z dvojčat ťažkosti s dýchaním. Bolo diagnostikované s defektom predsieňového septa s dierou v srdci o veľkosti 4,5 mm. Nedokázalo ani držať hlavu, ani piť mlieko. Mlieko mu muselo byť podávané trubičkou cez nos.

Jeho stav bol kritický a do nemocnice v Maizure prišla pediatrička až z kjótskej univerzitnej nemocnice. Telo dieťaťa bolo príliš slabé na to, aby bolo prevezené do univerzitnej nemocnice, ktorá bola dosť ďaleko. Preto muselo liečbu podstúpiť v miestnej nemocnici.

Nad dieťaťom sa modlil pastor Keontae Kim z manminskej cirkvi v Osake a Maizure s vreckovkou, nad ktorou sa modlil rev. Jaerock Lee. Navyše, poslal modlitebnú žiadosť spolu s fotkou do hlavného kostola v Soule.

Nemohla som sa zúčastniť internetovej bohoslužby, a tak sme

10. júna 2005 nahrali piatkovú celonočnú službu v Manminkej centrálnej cirkvi, a potom celá rodina obdržala modlitbu reverenda Leeho.

„Bože, Otče, uzdrav to dieťa bez ohľadu na priestor a čas. Polož svoje ruky na Miki Yunu, vnučku Hirouchi Akiyoe v Japonsku. Defekt predsieňového septa strať sa! Nech ťa spáli oheň Ducha Svätého a nech je dieťa zdravé!"

Nasledujúci deň, 11. júna, sa uskutočnilo niečo úžasné. Dieťa predtým nebolo schopné samo dýchať, ale jeho stav sa zlepšil a respirátor mohol byť odstránený.

„Je to zázrak, že dieťa sa zotavilo tak rýchlo!" Doktor bol prekvapený.

Od tej doby dieťa rástlo veľmi dobre. Spočiatku vážilo len 2,4 kg, ale za 2 mesiace od chvíle, keď dostalo modlitbu, jeho hmotnosť stúpla na 5 kg! Jeho hlas bol pri plači oveľa silnejší. Keď som na vlastné oči videla tento zázrak, v auguste 2005 som sa zaregistrovala v Manmínskej centrálnej cirkvi. Uvedomila som si, že Boh uskutočnil také božské dielo uzdravenia, pretože vedel, že v neho skrze zázrak uverím.

Prostredníctvom tejto milosti som sa odhodlane usilovala o založenie manmínskeho kostola v Maizure. Tri roky po otvorení sme spolu s členmi cirkvi ponúkli Bohu to, že pre svätyňu kúpime krásnu budovu.

Dnes vykonávam mnoho dobrovoľných prác pre Božie kráľovstvo. Som vďačná nielen za uzdravujúcu milosť mojej vnučky, ale aj za Božiu milosť, ktorá ma priviedla na cestu pravého života.

- Výťažok z diela Extraordinary Things -

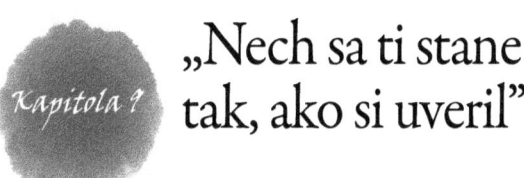

„Nech sa ti stane tak, ako si uveril"

Kapitola 1

> Pôvodný hlas, ktorý vychádza
> z úst Ježiša,
> rozlieha sa po celom svete
> a dosahuje do všetkých končín sveta,
> čím zjavuje jeho moc,
> presahujúc čas a priestor.

Všetky bytosti poslúchajú pôvodný hlas

Ľudia už nedokázali počuť pôvodný hlas

Dôvod, prečo nedostávajú odpovede

Stotník mal dobré srdce

Stotník zažil zázrak, ktorý presahoval čas a priestor

Mocné diela presahujúce čas a priestor

„Potom Ježiš povedal stotníkovi: Choď a nech sa ti stane tak, ako si uveril. V tej chvíli jeho sluha ozdravel."

(Mt 8, 13)

Keď sú ľudia v bolestiach alebo v ťažkostiach, keď sa zdá, že neexistuje žiadne východisko, mnohí majú pocit, že Boh je od nich ďaleko alebo od nich odvracia jeho tvár. Niektorí z nich dokonca pochybujú o tom, či „vie vôbec Boh, že tu som?" alebo „počuje Boh moju modlitbu, keď sa modlím?" Je to preto, lebo nemajú dostatočnú vieru vo vševediaceho a všemohúceho Boha.

Dávid zažil v živote mnoho ťažkostí, a napriek tomu vyhlásil: „Keby som vystúpil na nebesia, si tam, keby som si ustlal v podsvetí, si tam. Keby som mal krídla rannej zory a usadil by som sa pri najvzdialenejšom mori, aj ta by ma priviedla tvoja ruka a tvoja pravica by sa ma ujala." (Ž 139, 8 - 10)

Pretože Boh vládne nad celým vesmírom a všetkým, čo ho napĺňa, presahujúc čas a priestor, fyzická vzdialenosť, ktorú ľudia cítia, nemá na Boha vôbec žiadny vplyv.

Iz 57, 19 hovorí: „kladiem na pery plod chvály. Pokoj, pokoj ďalekému i blízkemu — hovorí Pán — ja ich uzdravím" (NKJV). Tu „kladiem na pery plod chvály" znamená, že určite sa naplní slovo, ktoré Boh dal, ako je napísané v Nm 23, 19.

Iz 55, 11 tiež hovorí: „tak sa stane s mojím slovom, ktoré mi vyjde z úst. Nevráti sa ku mne naprázdno, pretože urobí to, čo som si želal, a dosiahne to, kvôli čomu som ho poslal."

Všetky bytosti poslúchajú pôvodný hlas

Boh Stvoriteľ stvoril nebesia a zem jeho pôvodným hlasom. Takže všetko, čo bolo stvorené pôvodným hlasom, poslúcha pôvodný hlas, aj keď nie je živým organizmom. Napríklad, dnes máme zariadenia na rozpoznávanie hlasu, ktoré reagujú len na určitý hlas. Rovnakým spôsobom je aj pôvodný hlas zakomponovaný do všetkého vo vesmíre, preto všetko poslúcha, keď zaznie pôvodný hlas.

Ježiš, ktorý je v jeho podstate Bohom, hovoril pôvodným hlasom. Mk 4, 39 hovorí: „On vstal, pohrozil víchru a prikázal moru: „Mlč, utíš sa! Vtedy víchor ustal a nastalo veľké ticho.""" Aj more a vietor, ktoré nie sú živými stvoreniami a nemajú uši, poslúchajú pôvodný hlas. Čo by sme teda mali robiť my, ľudské bytosti, ktoré máme uši a rozum? Samozrejme musíme poslúchať. Ale aký je potom dôvod toho, že ľudia neposlúchajú?

Zoberme si príklad zariadenia na rozpoznávanie hlasu a predpokladajme, že existuje sto strojov tohto druhu. Majiteľ nastavil stroje tak, aby fungovali, keď počujú hlas povedať slovo „áno". Ale niekto zmenil nastavenie na 40 strojoch. 40 strojov nastavil tak, aby fungovali keď počujú slovo „nie". Potom týchto 40 strojov nebude nikdy fungovať, keď majiteľ povie „áno". A rovnako, odkedy Adam zhrešil, ľudia už nedokázali počuť pôvodný hlas.

Ľudia už nedokázali počuť pôvodný hlas

Adam bol v skutočnosti stvorený ako živý duch a počúval a poslúchal len Božie slovo, pravdu. Boh Otec učil Adama len duchovné vedomosti, čo boli slová pravdy, ale odkedy Boh dal Adamovi slobodnú vôľu, bolo na Adamovi, aby sa rozhodol, či bude poslúchať pravdu, alebo nie. Boh nechcel dieťa, ktoré by bolo ako robot, ktorý by bezpodmienečne neustále poslúchal.

Chcel deti, ktoré by dobrovoľne poslúchali jeho Slovo a milovali ho pravým srdcom. Avšak, keď už prešlo veľa času, Adam bol pokúšaný satanom a neuposlúchol Božie slovo.

Rim 6, 16 hovorí: „Či neviete, že ak sa niekomu oddávate za poslušných otrokov, ste otrokmi toho, koho poslúchate — buď otrokmi hriechu, ktorý vedie k smrti, alebo otrokmi poslušnosti, ktorá vedie k spravodlivosti?" Adamovi potomkovia sa kvôli jeho neposlušnosti stali otrokmi hriechu a nepriateľa diabla a satana.

Boli teraz predurčení premýšľať, hovoriť a konať, keď ich podnecoval satan, a viac a viac hrešiť, a nakoniec zomrieť. Ale v Božej prozreteľnosti prišiel na túto zem Ježiš. Smrťou sa stal zmiernou obetou na vykúpenie všetkých hriešnikov a vstal z mŕtvych.

Z tohto dôvodu Rim 8, 2 hovorí: „Veď zákon životodarného Ducha v Kristovi Ježišovi ťa oslobodil od zákona hriechu a smrti." Ako je napísané, tí, ktorí v srdciach veria v Ježiša Krista a chodia vo svetle, už nie sú otrokmi hriechu.

To znamená, že už dokážu počuť pôvodný hlas Boha prostredníctvom ich viery v Ježiša Krista. Preto tí, ktorí ho počujú a poslúchajú, môžu dostať odpoveď na čokoľvek, čo prosia.

Dôvod, prečo nedostávajú odpovede

Nektorí ľudia sa môžu pýtať: „Verím v Ježiša Krista a boli mi odpustené hriechy, tak prečo nie som uzdravený?" Potom by som sa vás chcel opýtať túto otázku: Do akej miery ste dodržiavali Božie slovo v Biblii?

Zatiaľ čo vyznávate, že veríte v Boha, nemilovali ste svet, podvádzali iných alebo robili zlé veci rovnako, ako svetskí ľudia? Skontrolujte, či ste zachovali všetky nedele sväté, dávali správne desiatky a poslúchali všetky Božie prikázania, ktoré nám hovoria, čo robiť, nerobiť, dodržiavať alebo odvrhnúť.

Ak na vyššie uvedené otázky môžete s istotou odpovedať áno, dostanete odpoveď na to, o čo prosíte. Aj keď odpoveď mešká, budete len vzdávať vďaky z hĺbky vášho srdca a bez zakolísania sa spoliehať na Boha. Ak ukážete vieru týmto spôsobom, Boh nebude s odpoveďou váhať. Prehovorí pôvodným hlasom a povie: „Nech sa ti stane, ako si uveril," a stane sa to skutočne podľa vašej viery.

Stotník mal dobré srdce

V Mt 8 je príbeh o rímskom stotníkovi, ktorý dostal odpoveď prostredníctvom viery. Keď prišiel k Ježišovi, choroba jeho sluhu bola uzdravená pôvodným hlasom, ktorý zaznel skrze Ježiša.

V tom čase bol Izrael pod nadvládou Rímskej ríše. V rímskej armáde velitelia velili tisícim, sto, päťdesiatkam a desiatkam vojakov. Ich hodnosť bola určená podľa počtu vojakov, ktorým velili. Jeden z tých, ktorí mali na starosti sto vojakov, stotník, bol v Kafarnaume v Izraeli. Počul správy o Ježišovi, že učil lásku, dobrotu a milosrdenstvo.

Ježiš učil v Mt 5, 38 – 39: „Počuli ste, že bolo povedané: „Oko za oko a zub za zub." Ja vám však hovorím: Neprotivte sa zlému! Naopak: Tomu, kto ťa udrie po pravom líci, nastav aj ľavé."

Taktiež povedal v Mt 5, 43 - 44: „Počuli ste, že bolo povedané: „Milovať budeš svojho blížneho a nenávidieť svojho nepriateľa." Ja vám však hovorím: Milujte svojich nepriateľov a modlite sa za tých, ktorí vás prenasledujú." Počutie takých slov dobra ako tieto pohne tými, ktorí sú dobrí v srdci.

Ale stotník tiež počul, že Ježiš nielen učil dobro, ale aj

uskutočňoval znamenia a zázraky, ktoré ľudskými schopnosťami boli nemožné. Správy hovorili, že malomocní, ktorí boli považovaní za prekliatych, boli uzdravovaní, slepí videli, nemí hovorili a hluchí počuli. Navyše, chromí chodili a skákali. A stotník bezvýhradne veril všetkým týmto správam.
Ale rôzni ľudia reagovali rôzne na tieto správy o Ježišovi. Prvý typ ľudí nemal pochopenie pri pohľade na Božie diela. Kvôli ich pevne stanoveným rámcom viery, namiesto toho, aby ich prijali a uverili v nich, súdili a odsudzovali ich.
Farizeji a zákonníci, ktorí mali oprávnené nároky, boli takého druhu. V Mt 12, 24 je zaznamenané, že dokonca hovorili o Ježišovi slovami: „Tento vyháňa démonov iba mocou Belzebula, vládcu démonov." Hovorili zlé slová v dôsledku ich duchovnej nevedomosti.

Druhý typ ľudí veril v Ježiša ako jedného z veľkých prorokov a nasledoval ho. Napríklad, keď Ježiš vzkriesil mladého muža z mŕtvych, ľud povedal: „Všetkých sa zmocnil strach. Oslavovali Boha: „Veľký prorok povstal medzi nami a Boh navštívil svoj ľud."" (Lk 7, 16)

Tretím typom boli ľudia, ktorí si v srdci uvedomili, že Ježiš je Boží Syn, ktorý prišiel na túto zem, aby sa stal Spasiteľom všetkých ľudí, a uverili v neho. Muž bol slepý od narodenia, ale jeho oči boli otvorené, keď sa stretol s Ježišom. Povedal: „Nikdy nebolo počuť, že by slepému od narodenia niekto otvoril oči. Keby on nebol od Boha, nemohol by nič urobiť." (Jn 9, 32 - 33)
Uvedomil si, že Ježiš prišiel ako Spasiteľ. Vyznal: „Pane, verím," a vzdal slávu Ježišovi. Rovnako, tí, ktorí mali dobré srdce, ktoré dokázalo rozoznať dobro, uvedomili si, že Ježiš je Boží Syn

iba tým, že videli, čo Ježiš robil.

V Jn 14, 11 Ježiš povedal: „Verte mi, že ja som v Otcovi a Otec je vo mne!" Ak by ste žili v Ježišovej dobe, akými ľuďmi by ste podľa vás boli?

Stotník bol jedným z ľudí tretieho typu. Veril správam o Ježišovi a prišiel pred neho.

Stotník zažil zázrak, ktorý presahoval čas a priestor

Aký je dôvod toho, že stotník dostal odpoveď, ktorú chcel, ihneď po tom, ako počul Ježiša povedať: „Nech sa ti stane, ako si uveril"?

Vidíme, že stotník Ježišovi veril. Mohol poslúchnuť to, čo mu Ježiš povedal. Najdôležitejšie na tomto stotníkovi je to, že pred Ježiša prišiel s pravou láskou k dušiam.

Mt 8, 6 hovorí: „Pane, môj sluha leží doma ochrnutý a hrozne sa trápi." Tento stotník prišiel pred Ježiša a prosil nie za svojich rodičov, príbuzných alebo za svoje deti, ale za svojho sluhu. Zobral bolesť svojho sluhu za svoju vlastnú a prišiel pred Ježiša, ako by sa teda mohlo jeho dobré srdce Ježiša nedotknúť?

Ochrnutie je ťažký stav, ktorý sa nedá ľahko vyliečiť ani najlepšími lekárskymi schopnosťami. Človek nedokáže voľne pohybovať rukami a nohami, takže potrebuje pomoc druhých. Navyše, v niektorých prípadoch človek musí dostať pomoc od ostatných aj pri umývaní, jedení alebo obliekaní.

Ak ochorenie pretrváva dlhú dobu, je veľmi ťažké nájsť človeka, ktorý sa dokáže s láskou a súcitom nemenne starať o chorého, ako hovorí staré kórejské príslovie: „V dlhoročných chorobách nie sú žiadni oddaní synovia." Nie je mnoho takých, ktorí dokážu milovať členov svojej rodiny ako seba samého.

Avšak, niekedy, keď sa celá rodina s láskou za nich modlí, môžeme vidieť tých, ktorí prekročili hranice života, aby sa uzdravili alebo dostali odpoveď na veľmi ťažký problém. Ich modlitba a skutky lásky pohnú srdcom Boha Otca, a tak im Boh preukáže lásku, ktorá presahuje jeho spravodlivosť.

Stotník mal takú úplnú vieru v Ježiša, že dokázal uzdraviť ochrnutie jeho sluhu. Prosil Ježiša a dostal odpoveď.

Druhým dôvodom, prečo stotník mohol dostať odpoveď, bolo to, že ukázal dokonalú vieru a ochotu úplne poslúchať Ježiša.

Ježiš videl, že stotník miloval svojho sluhu ako seba samého a povedal mu: „Prídem a uzdravím ho." Ale stotník povedal v Mt 8, 8: „Pane, nie som hoden, aby si vošiel pod moju strechu. Ale povedz iba slovo a môj sluha ozdravie."

Väčšina ľudí by boli veľmi šťastní, keby do ich domu prišiel Ježiš. Ale stotník odvážne vyhlásil to, čo je vyššie uvedené, pretože mal pravú vieru.

Je to preto, že mal taký postoj k poslušnosti, ktorým mohol poslúchnuť všetko, čo Ježiš povedal. Vidíme to z jeho slova v Mt 8, 9, ktoré hovorí: „Veď aj ja som podriadený človek a mne sú zasa podriadení vojaci. Keď poviem jednému: „Choď!", tak ide, a druhému: „Poď!", tak príde, a svojmu sluhovi: „Urob to!", tak to urobí." Keď to Ježiš počul, prekvapene povedal tým, ktorí ho nasledovali: „Amen, hovorím vám, takú veľkú vieru som nenašiel u nikoho v Izraeli."

A rovnako, ak ste robili to, čo Boh hovorí robiť, nerobili to, čo Boh hovorí nerobiť, dodržiavali to, čo Boh hovorí dodržiavať, a odhodili to, čo Boh hovorí odhodiť, môžete s istotou prosiť Boha o čokoľvek. Je to preto, lebo 1 Jn 3, 21 - 22 hovorí: „Milovaní, ak nás srdce neobviňuje, máme istotu v Bohu, a o čokoľvek prosíme, dostaneme od neho, lebo zachovávame jeho prikázania a robíme, čo sa mu páči."

Stotník mal dokonalú vieru v moc Ježiša, ktorý mohol uzdraviť tým, že použil jeho Slovo. Aj keď bol stotníkom Rímskej ríše, pokoril sa a mal ochotu úplne poslúchať Ježiša. Z týchto dôvodov bola jeho túžba vyslyšaná.

V Mt 8, 13 Ježiš povedal stotníkovi: „Choď a nech sa ti stane tak, ako si uveril. V tej chvíli jeho sluha ozdravel" a sluha v tej chvíli ozdravel. Keď Ježiš prehovoril pôvodným hlasom, bola získaná odpoveď, ktorá presahovala priestor a čas, presne ako stotník uveril.

Mocné diela presahujúce čas a priestor

Ž 19, 4 hovorí: „Ich posolstvo znie po celej zemi a ich oznamy doletia až po končiny sveta" (NRSV). Ako je napísané, pôvodný hlas, ktorý vyšiel z úst Ježiša, mohol dosiahnuť končiny sveta a Božia moc sa prejavila, presahujúc priestor bez ohľadu na fyzickú vzdialenosť.

Akonáhle zaznie pôvodný hlas, presiahne čas. Preto sa toto slovo uskutoční aj po nejakom čase, akonáhle bude naša nádoba na odpoveď pripravená.

V našej cirkvi sa uskutočňuje mnoho diel Božej moci, ktoré presahujú čas a priestor. V roku 1999 za mnou prišla sestra pakistanskej dievčiny, s fotografiou svojej sestry Cynthie. V tom čase Cynthia umierala na zužovanie hrubého čreva, ako aj na celiakiu.

Lekár povedal, že aj po operácii je len malá šanca na prežitie. V tejto situácii za mnou so sestrinou fotografiou prišla na modlitbu Cynthiina staršia sestra. Od chvíle, keď som sa za Cynthiu modlil, veľmi rýchlo sa zotavila.

V októbri 2003 prišla manželka pomocného pastora nášho kostola, aby prijala modlitbu pre jej brata cez jeho fotografiu. Jej brat mal problém s poklesom počtu krvných doštičiek. Mal krv v moči, stolici, očiach, nose a ústach. Krv mu tiež prešla do pľúc a čriev. Čakal len na smrť. Ale keď som sa modlil s rukami nad jeho fotografiou, počet krvných doštičiek rýchlo stúpal a on sa veľmi rýchlo zotavil.

Mnoho takýchto druhov diel presahujúcich čas a priestor sa uskutočnilo počas misie v Rusku, ktorá sa konala v Petrohrade v novembri 2003. Misia bola vysielaná cez 12 satelitov do viac ako 150 krajín po celom Rusku, Európe, Ázii, severnej Amerike a Latinskej Amerike. Vysielanie zahŕňalo Indiu, Filipíny, Austráliu, Spojené štáty, Honduras a Peru. Taktiež sa uskutočnili simultánne stretnutia v 4 ďalších mestách Ruska a v Kyjeve na Ukrajine.

Či už sa ľudia zúčastnili stretnutia cez obrazovku alebo ho sledovali doma v televízii, tí, ktorí počúvali posolstvo a prijali modlitbu s vierou, boli v tej chvíli uzdravení a poslali nám svedectvá prostredníctvom mailov. Hoci sa nenachádzali v tom istom fyzickom priestore, keď zaznel pôvodný hlas, hlas na nich pôsobil rovnako, pretože boli spoločne v tom istom duchovnom priestore.

Ak máte pravú vieru a ochotu poslúchať Božie slovo, ukázať skutočné skutky lásky ako stotník a veríte v moc Boha, ktorá pôsobí presahujúc čas a priestor, môžete žiť požehnaný život a dostávať odpovede na všetko, o čo prosíte.

Počas dvojtýždňových nepretržitých špeciálnych duchovných stretnutí, ktoré sa konali po dobu 12 rokov od roku 1993 do roku 2004, boli ľudia uzdravovaní z rôznych druhov ochorení a boli vyriešené rôzne životné problémy. Iní boli vedení na cestu spásy. Boh však zastavil duchovné stretnutia v roku 2004. Bolo to kvôli ešte väčšiemu kroku vpred.

Boh ma viedol k novým duchovným štúdiám a začal mi vysvetľovať iný rozmer duchovnej oblasti. Nedokázal som pochopiť, čo tým pôvodne myslel. Boli tam úplne nové výrazy. Ale iba som poslúchal a začal som sa ich učiť, veriac, že ich jedného dňa pochopím.

Asi pred 30 rokmi som dostal Božiu moc prostredníctvom mnohých modlitieb a pôstu, ktoré som ponúkol od doby, keď som sa stal kňazom. Musel som bojovať proti extrémnej horúčave a chlade počas 10, 21, 40 dní pôstu a modliť sa k Bohu.

Ale duchovné štúdie, ktoré mi Boh dal, boli neporovnateľne bolestivejšie ako tieto snahy. Musel som sa pokúsiť pochopiť veci, ktoré som nikdy predtým nepočul a musel som sa modliť ako Jakub v Jabboku až dovtedy, kým som ich nepochopil.

Okrem toho som tiež musel trpieť rôznymi fyzickými stavmi môjho tela. Rovnako ako astronaut potrebuje veľmi dobrý výcvik, aby sa prispôsobil životu v priestore, v mojom tele prebiehali rôzne veci, kým som nedosiahol rozmer, ktorý Boh chcel, aby som dosiahol.

Ale každú chvíľu som prekonal s láskou a vierou v Boha, a čoskoro som získal duchovné poznanie o pôvode Boha Otca a o zákone lásky a spravodlivosti a mnohých ďalších oblastiach.

Okrem toho, čím viac som sa priblížil k rozmeru, ktorý Boh chcel, aby som dosiahol, čoraz viac sa uskutočňovali mocné skutky. Rýchlosť požehnaní na členov cirkvi sa zvýšila, rovnako ako rýchlosť božských uzdravovaní. Každý deň sa zvyšoval počet svedectiev.

Boh chce naplniť jeho prozreteľnosť najvyššou a najväčšou mocou, ktorú si ľudia nedokážu predstaviť. Z tohto dôvodu dal túto moc, aby bola postavená veľsvätyňa ako archa spásy, ktorá bude hlásať slávu Boha a evanjelium bude prinesené späť do Izraela.

Je extrémne ťažké hlásať evanjelium v Izraeli. Nie sú tam povolené žiadne kresťanské zhromaždenia. Je to možné len obrovskou mocou Boha, ktorá dokáže dokonca otriasť svetom a je povinnosťou našej cirkvi hlásať evanjelium v Izraeli.

Dúfam, že pochopíte, že čas, kedy Boh ukončí všetky plány, je veľmi blízko, a ozdobíte sa ako Pánove nevesty a vo všetkom sa vám bude dariť, a aj vaša duša bude prosperovať.

Príklady z Biblie - 3

Moc Boha, ktorý prebýva vo štvrtom nebi

Štvrtým nebom je priestor výhradne pre pôvodného Boha. Je to miesto Božej Trojice a je tam možné úplne všetko. Veci sú stvorené z ničoho. Stačí, ak Boh po niečom v jeho srdci zatúži, a stane sa to. Dokonca aj pevné predmety sa môžu premeniť na kvapalinu alebo plyn.

Priestor, ktorý má také vlastnosti, nazýva sa „priestorom štvrtej dimenzie".

Diela uskutočňujúce sa v tomto duchovnom priestore štvrtej dimenzie zahŕňajú diela stvorenia, ovládanie života a smrti, uzdravovanie a iné diela presahujúce čas a priestor. Moc Boha, ktorý vlastní štvrté nebo, zjavuje sa aj dnes tak, ako včera.

1. Diela stvorenia

Dielo stvorenia je vytvorenie niečoho po prvýkrát, čo ešte nikdy predtým neexistovalo. Keď Boh na začiatku iba jeho Slovom stvoril nebesia a zem a všetko, čo ich napĺňa, bolo to dielo stvorenia. Boh môže uskutočniť diela stvorenia, pretože prebýva vo štvrtom nebi.

Dielo stvorenia, ktoré bolo uskutočnené skrze Ježiša

Premenenie vody na víno v Jn 2 je dielom stvorenia. Ježiš bol pozvaný na svadobnú hostinu a minulo sa víno.
Márii bolo tejto situácie ľúto a požiadala Ježiša o pomoc. Ježiš najprv odmietol, ale Mária mala vieru. Verila, že Ježiš pomôže hostiteľovi hostiny.
Ježiš prijal dokonalú vieru Márie a povedal sluhom, aby naplnili nádoby vodou a odniesli ju starejšiemu. Nemodlil sa ani neprikázal, aby sa voda premenila na víno. Iba na to v jeho srdci pomyslel a voda v šiestich kamenných nádobách sa v okamihu premenila na kvalitné víno.

Diela stvorenia prostredníctvom Eliáša

Vdova zo Sarepty v 1 Kr 17 bola vo veľmi ťažkej situácii. V dôsledku dlhotrvajúceho sucha sa jej minuli potraviny a všetko, čo mala, bola hrsť múky a trochu oleja.
Ale Eliáš ju požiadal, aby upiekla kus chleba a dala mu ho a povedal: „Lebo takto vraví Pán, Boh Izraela: Múky v hrnci neubudne ani nádoba s olejom sa nevyprázdni, kým Pán nezošle na zem dážď'" (1 Kr 17, 14). Vdova bez akýchkoľvek výhovoriek Eliáša poslúchla.
Výsledkom toho Eliáš a jej domácnosť jedli mnoho dní, ale z misy múky neubúdalo, ani nádoba s olejom sa nevyprázdňovala (1 Kr 17, 15 - 16). To, že z hŕstky múky a z oleja v nádobe neubúdalo, naznačuje, že sa uskutočnili diela stvorenia.

Diela stvorenia prostredníctvom Mojžiša

V Ex 15, 22 - 23 nájdeme, že synovia Izraela prešli cez Červené more a prišli na púšť. Prešli už tri dni, ale nenašli žiadnu vodu. Nakoniec našli vodu na mieste, ktoré sa nazývalo Mara, ale bola horká a nepitná. Začali sa nahlas sťažovať.
Mojžiš sa modlil k Bohu a Boh mu ukázal strom. Keď ho Mojžiš hodil do vody, voda sa premenila na sladkú a pitnú. Nie je to preto, že strom mal nejaké prvky, ktoré mohli zmeniť horkú chuť vody. Bol to Boh, ktorý uskutočnil dielo stvorenia, ktoré sa zjavilo skrze Mojžišovu vieru a poslušnosť.

Miesto muánskej sladkej vody

Manminská cirkev v Muáne zažíva diela stvorenia

Boh nám aj dnes neustále ponúka diela stvorenia. Muánska sladká voda je jednou z takých diel. 4. marca 2000 som sa v Soule modlil, aby sa slaná voda v manminskej cirkvi v Muáne premenila na sladkú vodu a členovia cirkvi potvrdili, že modlitba bola vyslyšaná na druhý deň, 5. marca.

Manminská cirkev v Muáne je obklopená morom, a aj v studni mali len morskú vodu. Pitnú vodu museli privádzať cez potrubie z miesta, ktoré bolo vzdialené 3 km. Bolo to pre nich veľmi nepríjemné.

Členovia manminskej cirkvi v Muáne si spomenuli na udalosť v Mare v knihe Exodus a požiadali ma, aby som sa s vierou modlil za premenenie slanej vody na sladkú. Počas mojej 10-dňovej modlitby v horách od 21. februára som sa modlil za manminskú cirkev v Muáne. Členovia manminskej cirkvi v Muáne sa tiež postili a modlili za to isté.

Počas mojej modlitby v horách som sa zameral iba na modlitby a Božie slovo. Moje úsilie a viera členov manminskej cirkvi v Muáne splnili podmienky Božej spravodlivosti a uskutočnilo sa úžasné dielo stvorenia.

Duchovnými očami bolo možné vidieť lúč svetla z Božieho trónu až k rúre studne, a tak keď slaná voda prechádza týmto lúčom, mení sa na sladkú vodu.

Ale táto sladká voda v Muáne nie je len pitná. Keď ju ľudia pijú alebo používajú s vierou, zažívajú božské uzdravenie a dostávajú odpovede na problémy podľa miery ich viery. Existuje nespočetne veľa svedectiev o takýchto dielach prostredníctvom sladkej vody v Muáne a k tejto studni manminskej cirkvi v Muáne prichádza mnoho ľudí z celého sveta.

Sladká voda v Muáne bola testovaná Správou potravín a liečív Spojených štátov (Food and Drug Administration of the United States) a jej bezpečnosť a dobré vlastnosti boli potvrdené v piatich kategóriách: minerálne faktory, obsah ťažkých kovov, chemické zvyšky, kožná reakcia a toxicita prostredníctvom experimentálnej myši. Je obzvlášť bohatá na minerály a obsah vápnika bol viac ako trikrát vyšší ako v iných známych minerálnych vodách z Francúzska a Nemecka.

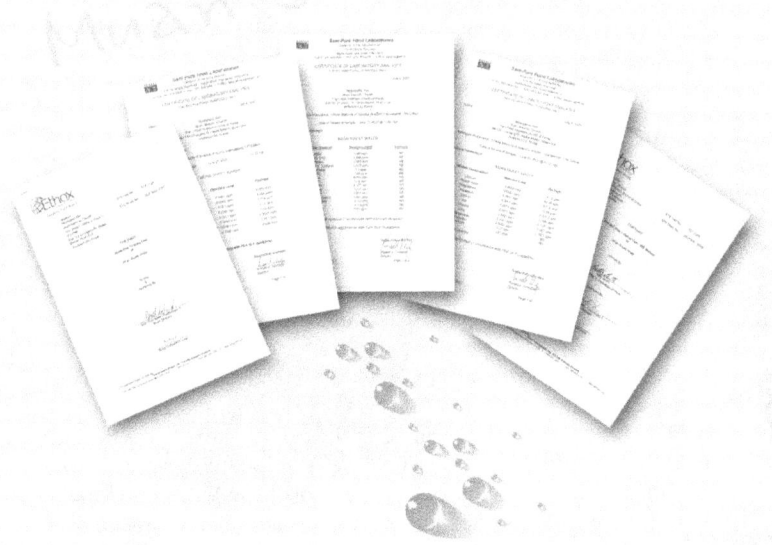

Výsledky testov FDA (Food and Drug Administration)

2. Ovládanie života

V priestore štvrtej dimenzie, ktorá má vlastnosti štvrtého neba, niečo mŕtve môže byť oživené alebo niečo živé môže byť usmrtené. Platí to pre všetko, čo má život, či už sú to rastliny, alebo zvieratá. Bol to prípad Áronovej palice. Bola pokrytá priestorom štvrtej dimenzie. Takže v priebehu jedného dňa suchá palica zapučala, vyklíčila, zakvitla a priniesla zrelé mandle. V Mt 21, 19 Ježiš povedal fígovníku, ktorý nemal ovocie: „Nech sa na tebe už nikdy viac neurodí ovocie!" A hneď potom figovník uschol. Aj toto sa uskutočnilo preto, že ho pokryl priestor štvrtej dimenzie.
V Jn 11 čítame o udalosti, kedy Ježiš oživil Lazára, ktorý bol už štyri dni mŕtvy a zapáchal. V prípade Lazára sa musela nielen vrátiť jeho duša, ale muselo byť úplne obnovené aj jeho telo, ktoré sa už rozpadalo. Bolo to fyzicky nemožné, ale jeho telo sa mohlo v okamihu obnoviť v priestore štvrtej dimenzie.

V Manminskej centrálnej cirkvi stratil v jednom oku zrak brat Keonwi Park, ale začal znova vidieť. Keď mal 3 roky, podstúpil operáciu šedého zákalu. Nasledovali komplikácie a trpel vážnou uveitídou a oddelením sietnice. Keď je sietnica oddelená, nemôžete dobre vidieť. Okrem toho, trpel aj ochorením phthisis bulbi, čo je zmenšovanie očných buľví. Nakoniec, v roku 2006 úplne na ľavé oko oslepol.
Ale v júli 2007 znovu nadobudol zrak skrze moju modlitbu. Jeho ľavé oko nedokázalo vidieť žiadne svetlo, ale teraz mohol vidieť. Zmenšená očná buľva tiež získala svoju normálnu veľkosť.
Zrak v pravom oku bol tiež slabý, iba 0,1 dioptria, ale zlepšil sa na 0,9 dioptria. Jeho svedectvo bolo podložené všetkými zdravotnými a nemocničnými dokumentami na 5. Medzinárodnej konferencii kresťanských lekárov, ktorá sa konala v Nórsku. Na konferencii sa zúčastnilo 220 lekárov zo 41 krajín. Prípad bol vybraný ako najzaujímavejší prípad spomedzi mnohých iných prípadov.

Rovnaká vec sa môže stať aj s inými tkanivami alebo nervami. Hoci sú nervy alebo bunky mŕtve, môžu sa znovu znormalizovať, ak ich pokryje priestor štvrtej dimenzie. Fyzické postihnutia môžu byť tiež uzdravené v priestore štvrtej dimenzie. V priestore štvrtej dimenzie sa môžu uzdraviť aj iné ochorenia spôsobené baktériami alebo vírusmi, ako je AIDS, tuberkulóza, nachladnutie alebo horúčka.
V takýchto prípadoch zostúpi oheň Ducha Svätého a spáli baktérie alebo vírusy. Poškodené tkanivá sa obnovia v priestore štvrtého neba a je to úplné uzdravenie. Dokonca aj pri probléme neplodnosti, ak

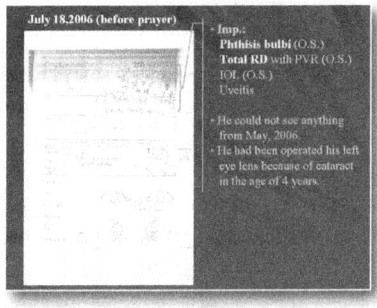

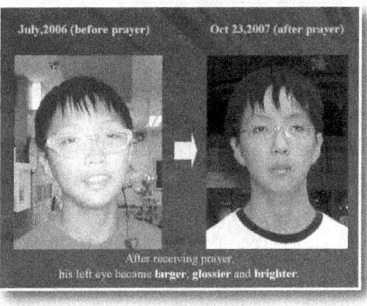

Prípad Keonwia Parka bol prezentovaný na 5. konferencii WCDN

je orgán alebo časť, ktorá má problém, uzdravená v priestore štvrtej dimenzie, dieťa môže byť počaté. Aby sme boli uzdravení z chorôb alebo slabostí mocou Boha v priestore štvrtej dimenzie, musíme splniť podmienky Božej spravodlivosti.

3. Diela, ktoré presahujú čas a priestor

Mocné diela, ktoré prebiehajú v priestore štvrtej dimenzie, uskutočňujú sa prekročením času a priestoru. Je to preto, že priestor štvrtej dimenzie obsahuje a presahuje všetky priestory iných dimenzií. Ž 19, 4 hovorí: „Ich posolstvo znie po celej zemi a ich oznamy doletia až po končiny sveta" (NRSV). To znamená, že slová Boha, ktorý prebýva vo štvrtom nebi, dosiahnu koniec sveta.
Dokonca aj dva body vo veľkej vzdialenosti v tomto prvom nebi, fyzickom svete, sú hneď vedľa seba v koncepte priestoru štvrtej dimenzie. Svetlo prejde okolo Zeme sedem a pol krát za sekundu. Ale svetlo moci Boha môže dosiahnuť aj koniec vesmíru v jedinom okamihu. Preto vzdialenosť vo fyzickom svete nemá v priestore štvrtej dimenzie žiadny zmysel alebo obmedzenie.
V Mt 8 stotník prosil Ježiša, aby uzdravil jeho sluhu. Ježiš povedal, že pôjde do jeho domu a stotník odpovedal: „Pane, nie som hoden, aby si vošiel pod moju strechu, ale povedz iba slovo a môj sluha ozdravie." Ježiš mu povedal: „Choď a nech sa ti stane tak, ako si uveril." V tej chvíli jeho sluha ozdravel.
Pretože Ježiš vlastní priestor štvrtého neba, chorý človek, ktorý bol ďaleko, bol uzdravený na Ježišov príkaz. Stotník dostal také požehnanie, pretože ukázal dokonalú vieru v Ježiša. Ježiš tiež pochválil stotníkovu vieru, slovami: Amen, hovorím vám, že u nikoho v Izraeli som nenašiel takú veľkú vieru."

Dokonca aj dnes Boh zjavuje diela moci, ktoré presahujú čas a priestor, tým deťom, ktoré sú zjednotené s Bohom skrze dokonalú vieru.

Cynthia v Pakistane umierala na celiakiu. Lysaniáš v Izraeli umieral na vírusovú infekciu. Ale obaja boli uzdravení mocou modlitby, ktorá presahuje čas a priestor. Aj Róbert Johnson v Spojených štátoch bol uzdravený mocou modlitby, ktorá presahuje čas a priestor. Jeho achilová šľacha bola roztrhnutá a kvôli veľkej bolesti nemohol chodiť. Bez akejkoľvek lekárskej liečby sa úplne zotavil len mocou modlitby, presahujúcou čas a priestor. Toto sú diela moci, ktoré sa uskutočňujú v priestore štvrtej dimenzie.

Aj mimoriadne diela, ktoré sa uskutočňujú prostredníctvom vreckoviek, sú diela, ktoré prekračujú priestor a čas. Moc obsiahnutá vo vreckovke sa ani s postupom času z nej nevytratí, ak je majiteľ vreckovky v Božích očiach spravodlivý. Preto je vreckovka, nad ktorou sa niekto modlil, veľmi vzácna, pretože môže kdekoľvek otvoriť priestor štvrtej dimenzie.

Ale ak niekto používa vreckovku bezbožným spôsobom bez akejkoľvek viery, Božie dielo sa neuskutoční. Spravodlivým nemá byť len ten, kto sa nad vreckovkou modlí, ale aj ten, za ktorého sa modlí. Bez akýchkoľvek pochybností musí veriť, že vreckovka obsahuje moc Boha.

V duchovnej oblasti sa všetko deje presne a úplne podľa spravodlivosti. Preto je presne meraná viera človeka, ktorý sa modlí, a aj viera toho, nad ktorým sa modlí, a podľa toho sa uskutoční Božie dielo.

4. Využívanie duchovného priestoru

Joz 10, 13 hovorí: „…Slnko sa zastavilo uprostred neba a celý deň sa neponáhľalo zapadnúť." Toto sa stalo, keď Jozue pri dobývaní Kanaánskej krajiny bojoval proti Amorejčanom. Ako je možné asi na jeden deň zastaviť čas v prvom nebi? Deň je čas, kedy sa Zem otočí raz okolo svojej osi. Preto na to, aby sa zastavil čas, musí sa zastaviť rotácia Zeme. Ale ak sa zastaví rotácia Zeme, bude to mať katastrofálny vplyv nielen na samotnú Zem, ale aj na mnohé ďalšie nebeské telá. Tak ako sa mohol zastaviť čas takmer na jeden deň? Bolo to možné preto, že nielen Zem, ale všetko v prvom nebi bolo v toku času duchovného sveta. Tok času v druhom nebi je rýchlejší ako v prvom nebi a tok času v treťom nebi je rýchlejší ako v druhom nebi. Ale tok času vo štvrtom nebi môže byť buď rýchlejší, alebo pomalší ako čas v iných nebesiach. Inými slovami, tok času vo štvrtom nebi sa môže voľne líšiť podľa Božích zámerov, ktoré uchováva v jeho srdci. Tok času sa môže zrýchliť, spomaliť alebo úplne zastaviť.

V prípade Jozuu bolo celé prvé nebo pokryté priestorom štvrtého neba a čas bol podľa potreby zrýchlený. V Biblii môžeme vidieť aj iný prípad, kedy bol časový tok spomalený. Bol to prípad, kedy Eliáš bežal rýchlejšie ako voz kráľa v 1 Kr 18.

Spomalený časový tok je opakom zrýchleného časového toku. Eliáš len bežal vlastnou rýchlosťou, ale pretože bol v spomalenom čase, mohol bežať rýchlejšie ako kráľov voz. Dielo stvorenia, oživenie mŕtvych a diela, ktoré presahujú čas a priestor, všetky sa uskutočňujú v zastavenom časovom toku. Preto je vo fyzickom svete dielo vykonané ihneď po vydaní príkazu alebo po myšlienke v srdci.

Pozrime sa na to, čo vlastne bol Filipov „teleport" v Sk 8. Bol vedený Duchom Svätým, aby sa stretol s etiópskym eunuchom na ceste, ktorá viedla z Jeruzalema do Gazy. Filip mu ohlasoval evanjelium Ježiša Krista a pokrstil ho vodou. Potom sa Filip náhle ocitol v Azóte. Bol to druh „teleportu".

Aby sa teleport mohol uskutočniť, človek musí prejsť duchovným priechodom, ktorý je vytvorený priestorom štvrtej dimenzie, ktorá má vlastnosti štvrtého neba. V tomto priechode sa tok času zastaví, a to je dôvod, prečo sa človek dokáže okamžite premiestniť. Ak dokážeme využiť tento duchovný priechod, môžeme dokonca ovládať poveternostné podmienky. Predpokladajme, napríklad, že existuje miesto, kde ľudia trpia suchom, a tiež miesto, kde ľudia trpia záplavami. Ak by mohol byť dážď z miesta záplav poslaný na miesto sucha, problém oboch miest by mohol byť vyriešený. Dokonca aj tajfúny alebo hurikány sú premiestňované cez duchovné priechody na miesto, ktoré nie je obývané, aby nespôsobili žiadny problém. Ak využívame duchovný priestor, môžeme kontrolovať nielen tajfúny, ale aj erupcie sopiek a zemetrasenia. Dôvodom je to, že môžeme pokryť sopku alebo epicentrum zemetrasenia duchovným priestorom.

Ale všetko toto je možné len vtedy, keď je to podľa Božej spravodlivosti správne. Napríklad, aby sa zastavila prírodná katastrofa, ktorá postihuje celý národ, je správne, aby vodcovia krajiny požiadali o modlitbu. Navyše, aj keď je vytvorený duchovný priestor, nemôžeme ísť úplne proti spravodlivosti prvého neba. Pôsobenie duchovného priestoru bude obmedzené na rozsah, v ktorom v prvom nebi nevznikne chaos po tom, ako bude duchovný priestor odstránený. Boh nad všetkými nebesiami vládne jeho mocou a je Bohom lásky a spravodlivosti.

(Koniec)

Autor:
Dr. Jaerock Lee

Dr Jaerock Lee sa narodil v roku 1943 v Muane v Jeonnamskej provincii v Kórejskej republike. V jeho dvadsiatich rokoch sedem rokov trpel mnohými nevyliečiteľnými chorobami a bez nádeje na uzdravenie čakal na smrť. Jedného dňa na jar v roku 1974 ho sestra vzala do kostola, a keď pokľakol k modlitbe, živý Boh ho ihneď uzdravil zo všetkých chorôb.

Odkedy Dr Lee stretol živého Boha prostredníctvom tejto úžasnej skúsenosti, celým svojím srdcom úprimne miluje Boha. V roku 1978 bol povolaný, aby sa stal Božím služobníkom. Vrúcne sa modlil, aby mohol jasne pochopiť Božiu vôľu, úplne ju splniť a dodržiavať celé Božie slovo. V roku 1982 založil Manminskú centrálnu cirkev v Soule v Kórei. V jeho cirkvi sa uskutočňuje nespočetné množstvo Božích skutkov, vrátane zázračných uzdravení a zázrakov.

V roku 1986 bol Dr Lee vysvätený za pastora na výročnom zhromaždení Ježišovej Sungkyulskej cirkvi v Kórei a o štyri roky neskôr, v roku 1990, začali vysielať jeho kázne v Austrálii, v Rusku, na Filipínach a v mnohých ďalších krajinách prostredníctvom rozhlasových staníc Far East Broadcasting Company, Asia Broadcast Station a Washington Christian Radio System.

O tri roky neskôr, v roku 1993, bola Manminská centrálna cirkev vybraná americkým kresťanským časopisom Christian World za jednu z „50 najlepších svetových cirkví" a z univerzity Christian Faith College na Floride v USA dostal Dr. Lee čestný doktorát bohoslovia. V roku 1996 na teologickom seminári Kingsway Theological Seminary in Iowa v USA dosiahol PhD. v Bohoslužbe.

Od roku 1993 Dr Lee vedie svetovú evanjelizáciu prostredníctvom mnohých zahraničných misií do Tanzánie, Argentíny, Baltimore City, Los Angeles, na Hawaj, do New Yorku v USA, Ugandy, Japonska, Pakistanu, Kene, na Filipíny, Honduras, do Indie, Ruska, Nemecka, Peru, Demokratickej republiky Kongo, Izraela a do Estónska.

V roku 2002 bol hlavnými kresťanskými novinami Christian newspapers v Kórei nazvaný „celosvetovým pastorom" kvôli jeho práci na rôznych zámorských misiách. Zvlášť jeho misia do New Yorku v roku 2006, ktorá sa konala na námestí Madison

Square Garden, najväčšej svetoznámej aréne, bola vysielaná 220 národom, a jeho misia do Izraela v roku 2009, ktorá sa konala v Medzinárodnom kongresovom centre (ICC) v Jeruzaleme, kedy smelo vyhlásil, že Ježiš Kristus je Mesiáš a Spasiteľ.

Jeho kázne sú vysielané do 176 krajín pomocou satelitov, vrátane GCN TV. V roku 2009 a 2010 bol populárnym ruským kresťanským časopisom In Victory a spravodajskou agentúrou Christian Telegraph zaradený medzi „desiatich najvplyvnejších kresťanských vodcov" pre jeho presvedčujúcu cirkevnú službu prostredníctvom televízneho vysielania a jeho cirkevné pôsobenie v zahraničí.

Od decembra 2016 má Manminská centrálna cirkev kongregáciu s viac ako 120 000 členmi. Má 11 000 filiálok po celom svete, vrátane 56 domácich filiálok a viac ako 102 misionárov bolo poslaných do 23 krajín, vrátane Spojených štátov amerických, Ruska, Nemecka, Kanady, Japonska, Číny, Francúzska, Indie, Kene a mnoho ďalších krajín.

K dátumu tohto uverejnenia je Dr. Lee autorom 105 kníh, vrátane bestsellerov Ochutnať večný život pred smrťou, Môj život Moja Viera I & II, Posolstvo kríža, Miera viery, Nebo I & II, Peklo, Prebuď sa, Izrael! a Božia moc. Jeho diela sú preložené do viac ako 76 jazykov.

Jeho kresťanský stĺpec je vydávaný v časopisoch The Hankook Ilbo, The JoongAng Daily, The Chosun Ilbo, The Dong-A Ilbo, The Munhwa Ilbo, The Seoul Shinmun, The Kyunghyang Shinmun, The Korea Economic Daily, The Korea Herald, The Shisa News a The Christian Press.

Dr Lee je v súčasnej dobe vedúcou osobnosťou mnohých misijných organizácií a združení: Pozície, ktoré zastáva sú: predseda spoločnosti The United Holiness Church of Jesus Christ; prezident spoločnosti Manmin World Mission; permanentný prezident spoločnosti The World Christianity Revival Mission Association; zakladateľ & predseda komisie spoločnosti Global Christian Network (GCN); zakladateľ & predseda komisie spoločnosti World Christian Doctors Network (WCDN); a zakladateľ & predseda komisie spoločnosti Manmin International Seminary (MIS).

Ďalšie silné knihy od rovnakého autora

Nebo I & II

Podrobný nákres nádherného životného prostredia, z ktorého sa tešia nebeskí príslušníci a krásny popis rôznych úrovní nebeského kráľovstva.

Posolstvo kríža

Úžasné posolstvo prebudenia pre všetkých ľudí, ktorí sú duchovne spiaci! V tejto knihe nájdete dôvod, prečo je Ježiš jediný Spasiteľ a naozajstnú lásku Boha.

Peklo

Úprimné posolstvo Boha celému ľudstvu, ktorý chce, aby ani jedna duša nepadla do hlbín pekla! Objavíte nikdy predtým neodhalený opis krutej reality Dolného podsvetia a pekla.

Duch, Duša a Telo I & II

Sprievodca, ktorý nám dáva duchovné porozumenie ducha, duše a tela a pomáha nám zistiť druh nášho „ja", aby sme mohli získať moc poraziť temnotu a stať sa duchovným človekom.

Miera Viery

Čo je to za príbytok, vence a odmeny, ktoré sú pre vás pripravené v nebi? Táto kniha poskytuje múdre pokyny pre vás o tom, ako merať vieru a dosiahnuť tú najlepšiu a najzrelšiu vieru.

Prebuď sa, Izrael

Prečo Boh dohliadal na Izrael od začiatku sveta až dodnes? Aká Božia prozreteľnosť bola pripravená na posledné dni pre Izrael, ktorý čaká na Mesiáša?

Môj Život Moja Viera I & II

Najvoňavejšia duchovná vôňa získaná zo života, ktorý kvitol s neporovnateľnou láskou k Bohu, uprostred temných vĺn, studeného jarma a najhlbšieho zúfalstva.

Božia moc

Musíte si prečítať túto knihu, ktorá slúži ako základný sprievodca na získanie pravej viery a okúsenie úžasnej Božej moci.

---

www.urimbooks.com

www.ingramcontent.com/pod-product-compliance
Lightning Source LLC
LaVergne TN
LVHW021820060526
838201LV00058B/3453